MARCO POLO

Kalifornien

Reisen mit **Insider Tipps**

Diesen Reiseführer überarbeitete und aktualisierte der Autor und Reisejournalist Karl Teuschl, der in Los Angeles studierte.

www.marcopolo.de

Infos zu den beliebtesten Reisezielen im Internet, siehe auch Seite 109

SYMBOLE

Insider Tipp **MARCO POLO INSIDER-TIPPS:**
Von unserem Autor für Sie entdeckt

★ **MARCO POLO HIGHLIGHTS:**
Alles, was Sie in Kalifornien kennen sollten

HIER HABEN SIE EINE SCHÖNE AUSSICHT

WO SIE JUNGE LEUTE TREFFEN

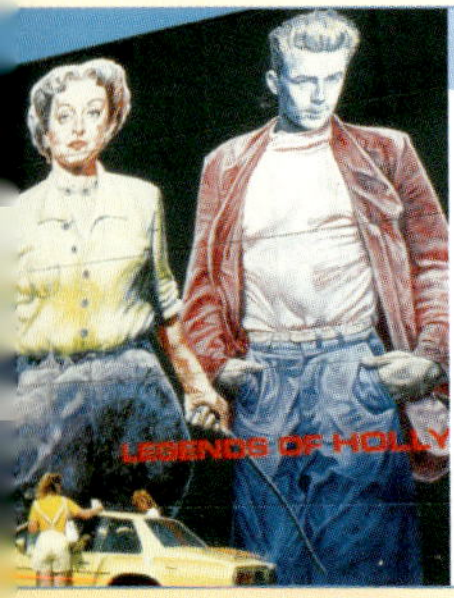

PREISKATEGORIEN

Hotels		Restaurants	
€€€	über 150 Euro	€€€	über 40 Euro
€€	90–150 Euro	€€	20–40 Euro
€	unter 90 Euro	€	unter 20 Euro

Die Preise gelten für ein Doppelzimmer pro Nacht mit Frühstück.

Die Preise gelten für ein mehrgängiges Essen ohne Getränke.

KARTEN

[120 A1] Seitenzahlen und Koordinaten für den Reiseatlas Kalifornien und die Karte Los Angeles

[U A1] Koordinaten für die Karte San Francisco im hinteren Umschlag

[0] außerhalb des Kartenausschnitts

Zu Ihrer Orientierung sind auch die Orte mit Koordinaten versehen, die nicht im Reiseatlas eingetragen sind.

GUT ZU WISSEN

INHALT

Die wichtigsten MARCO POLO Highlights

Sehenswürdigkeiten, Orte und Erlebnisse, die Sie nicht verpassen sollten

1. **Cable Cars**
   Eine Fahrt (und viele mehr) mit diesen ratternden Denkmälern ist in San Francisco die edelste Touristenpflicht (Seite 28)

2. **Golden Gate Bridge**
   Ein kühner Bau, mal von kühlem Nebel umwabert, mal feuerrot glühend in der Abendsonne – aber immer spektakulär (Seite 30)

3. **Avenue of the Giants**
   Giganten sind sie wahrlich, die über 100 m hohen Redwoodbäume – schön zu erleben am Highway 54 (Seite 37)

4. **Napa Valley**
   Rebgärten, Restaurants, Kunstgalerien und Probierstuben – das bekannte Weintal der Neuen Welt (Seite 41)

5. **Highway 49 durchs Gold Country**
   Auf den Spuren des Goldrauschs zu Boomtowns in der Sierra Nevada (Seite 49)

6. **Yosemite National Park**
   Ein Bergparadies mit Wasserfällen und duftenden Pinienwäldern (Seite 55)

7. **Monterey Bay Aquarium**
   Das beste Aquarium der Westküste: Quallen, riesige Wälder aus Seetang, Seeotter und Tiefseemonster (Seite 61)

Fesselnd und Furcht einflößend zugleich: Death Valley

Luftig: eine Fahrt im Cable Car

8 Santa Barbara
Kolonialspanische Bauten, Palmenalleen und breite Strände: ein beliebter Badeort – und sehr im Trend (Seite 64)

9 Universal Studios Hollywood
Hollywood heute – alles Fun und Kulissen. Ein Besuch bei King Kong und den Dinos von Jurassic Park (Seite 71)

10 Venice Beach
Sand und Sonne, Jugendkult, Surferwelt und schöner Schein: kein Strand verkörpert die kalifornische Lebensfreude besser (Seite 71)

11 Getty Center
Allein der spektakuläre Superbau hoch über Los Angeles ist die Reise wert (Seite 71)

12 Disneyland
Mickey und Schneewittchen stehen Spalier: Ein Besuch im ältesten Vergnügungspark der Welt in Anaheim muss sein (Seite 80)

Baumriese: Küstenmammutbaum

13 Death Valley
Der tiefste und heißeste Punkt Amerikas – und Schauplatz zahlreicher Hollywoodfilme (Seite 83)

14 San Diego Zoo
Eine wahre Arche Noah: Dieser Tierpark ist weltweit ein Vorbild für artgerechte Gehege und für die Rettung bedrohter Arten (Seite 89)

15 Highway 1: Traumstraße der Welt
Steilklippen, versteckte Buchten und Serpentinen ins blaue Nirwana (Seite 94)

★ Die Highlights sind in der Karte auf dem hinteren Umschlag eingetragen

Entdecken Sie Kalifornien!

Schillernde Metropolen, großartige Natur – Kalifornien hat seine Besucher noch nie enttäuscht

Nobelviertel Beverly Hills in L. A.

In der Geschichte Amerikas ist das »Westward, Ho«, der legendäre Zug nach Westen, die bedeutendste Episode: die unermüdliche Suche nach neuen Ufern – neugierig und optimistisch und unerschütterlich in dem Glauben, dass mit Kraft und Energie fast jeder Traum Wirklichkeit werden kann.

Der amerikanische Traum – er wurde wahr. Nach einem langen, oft gefährlichen Treck durch die Wildnis lag das gelobte Land vor den Siedlern: Kalifornien, das faszinierendste Stück Amerika.

Was die Pioniere auf Planwagen durchquerten, eine Landschaft voller beeindruckender Naturschönheit, hat nichts von seiner Ausstrahlungskraft eingebüßt. Anders als damals lässt sich die Landschaft jedoch heute bequem mit dem Auto durchfahren und genießen. Der *Golden State* ist das ideale Ziel für Individualisten, die auf eigene Faust die Natur erleben wollen, ohne auf die Annehmlichkeiten der Zivilisation verzichten zu müssen.

Ein Superlativ reiht sich hier an den anderen. Die Berge im Nordosten, bepackt mit ewigem Eis, gehören zu den höchsten des Kontinents. Death Valley im Südosten markiert nicht nur den tiefsten Punkt der USA, sondern auch den heißesten. An der Pazifikküste wachsen Bäume höher in den Himmel als ihre Artgenossen. Manche, wie die Sequoias in der Sierra Nevada im Osten, gehören zu den ältesten der Welt.

Die Golden Gate Bridge ist San Franciscos ganzer Stolz

Kaum ein Teil Amerikas ist so gepriesen worden wie der nach Alaska und Texas drittgrößte Staat der USA. Von allem gibt es mehr als genug: mächtige Wasserfälle im Yosemite National Park und kleine, malerische Städtchen an der Küste, raue Wüstenlandschaften und fruchtbare Täler, echte Wale im Ozean und künstliche (Mickey-) Mäuse in Disneyland. Auf einer Fläche, die um ein Drittel größer ist als das wiedervereinigte Deutschland,

Geschichtstabelle

1542 Der Portugiese Juan Rodríguez Cabrillo erkundet die Gewässer nördlich von Mexiko

1769 Der Geistliche Junípero Serra gründet in San Diego die erste von 21 Missionsstationen entlang der Küste

1781 Los Angeles wird von Felipe de Neva mit 44 Siedlern gegründet

1848 Nach verlorenem Krieg tritt Mexiko Kalifornien an die USA ab. Bis 1851 lockt das kurz zuvor gefundene Gold 300 000 Menschen in die Sierra Nevada

1850 Kalifornien wird 31. US-Bundesstaat

1869 Die Eisenbahn verbindet Ost- und Westküste

1890 Auf Drängen John Muirs, des »Vaters« der kalifornischen Naturschützer, wird das Yosemite-Tal Nationalpark

1906 Ein schweres Erdbeben zerstört in San Francisco 28 000 Häuser

1911 Die Filmindustrie etabliert sich in Hollywood und produziert 1913 den ersten Kinofilm

1929 Die Weltwirtschaftskrise treibt 300 000 Menschen aus dem Mittleren Westen in das Central Valley

1937 Die Golden Gate Bridge wird eröffnet

1941–45 San Francisco wird Stützpunkt der Pazifikflotte, in Los Angeles boomt die Flugzeugindustrie

1945 Die Charta der Menschenrechte begründet die Vereinten Nationen an ihrem ersten Sitzungsort San Francisco

1955 Eröffnung von Disneyland, dem Prototyp der amerikanischen Freizeitparks, in Los Angeles

1967 Die Hippiebewegung feiert in San Francisco ihren »Summer of Love«

1968 Die Mikroprozessorenfirma Intel wird gegründet, Keimzelle der Hightechregion Silicon Valley

1984 Olympische Sommerspiele in Los Angeles

1992 Rassenunruhen in South Central Los Angeles

1996–2000 San Francisco wird Hauptstadt des weltweiten Internetbooms

2003 Arnold Schwarzenegger wird zum Gouverneur gewählt

2005 Heftige Winterstürme sorgen für Rekordschneefälle in der Sierra Nevada und Erdrutsche an der Küste

leben viel weniger Menschen als in Deutschland. Von den 35 Mio. Einwohnern konzentriert sich mehr als die Hälfte im Süden.

Zwischen Oregon im Norden und Mexiko im Süden bleibt viel Platz für einsame Bergketten, unberührte Wälder und menschenleere Wüste. Das alles wird noch gekrönt: Der Vorrat an Sonne, Sand und Strand ist schier endlos. Wo die Natur so verschwenderisch ist, sind es auch die Menschen: Man hat Zeit. Der kalifornische Lebensstil ist betont locker und entspannt. Das Bild einer froh gelaunten Freizeitgesellschaft – hier kommt es dem Klischee am nächsten: *Beach boys* fahren mit dem Surfbrett im Auto zum Strand und tanzen auf den Wellen. Kalifornier aller Altersgruppen trainieren Körper und Geist – ob im Studio oder bei sportlichen Aktivitäten in der freien Natur. Zigaretten sind inzwischen absolut verpönt.

»Kalifornien verzauberte schon vor gut 150 Jahren«

Kalifornien verzauberte schon vor gut 150 Jahren. Der Goldrausch lockte 300 000 Menschen aus allen Winkeln der Welt an. Zwar fanden die wenigsten das begehrte Edelmetall, doch das neue Land bot allen eine Chance – zuerst beim Bau der Eisenbahn, später im Ölgeschäft und dann vor allem in der Landwirtschaft.

Die heranwachsende Filmindustrie, die so genannte »Traumfabrik«, die sich zu Beginn des 20. Jhs. in Los Angeles niederließ, machte den amerikanischen Traum made in California der ganzen Welt zugänglich. Hightechbranchen basteln an der Zukunft. Kalifornien verfügt über die sechststärkste Wirtschaft der Welt. Das Modell eines verschwenderischen, liebens- und lebenswerten Lebens hat jedoch auch seine Schattenseiten. Die dem Auto huldigenden Kalifornier produzierten wuchernde Metropolen, die vor Aktivität

Am Mono Lake faszinieren die skurrilen Tuffsteinformationen

strotzen, aber die Natur bedrohen. Kalifornien, politisch liberal und ökologisch sensibel, hat sich zwangsläufig zum Schrittmacher für umweltpolitische Neuerungen entwickelt. Die ernsthaften Ansätze für eine Stromproduktion mit Sonnen- und Windenergie weisen den Weg in die Zukunft der alternativen Brennstoffe.

»Schrittmacher für umweltpolitische Neuerungen«

Energie wird auch in den kommenden Jahren ein wichtiges Schlagwort bleiben, da die Bevölkerung stetig wächst. Dass die Zuwanderer heute vor allem wieder Mexikaner sind, lässt die Zeit der Anglo-Amerikaner fast wie eine Zwischenära erscheinen. Denn kolonialpolitisch gehörten *Baja* (das untere) *California* und *Alta* (das obere) *California* zu Mexiko und wurden mit ihm 1821 in die Unabhängigkeit entlassen. Die aus dem Osten an den Pazifik drängenden Amerikaner betrieben die Abspaltung des Nordteils. 1846 gründeten Siedler im Schatten des mexikanisch-amerikanischen Krieges die *California Republic*, die wegen des Bären auf der Fahne auch als *Bear Flag Republic* in die Geschichtsbücher eingegangen ist. 1850 wurde das junge Kalifornien, als mit dem Goldrausch Washingtons Interesse am Land im fernen Westen erwacht war, der 31. Staat der USA.

Der kulturelle Einfluss des Südens, der damals zurückgedrängt wurde, ist heute wieder zu spüren. Mexikaner, die legal oder illegal einwandern, verändern die Bevölkerungsstruktur. Mittlerweile gelten fast 35 Prozent aller Kalifornier als *Hispanics* (so die offizielle Bezeichnung). Die Zahl wächst so rapide, dass viele Anglo-Kalifornier befürchten, ihr Land könne offiziell zu einem zweisprachigen Staat werden.

Trendschmiede Kalifornien

Von Hippies und Mountainbikern

Seit der Goldrausch 1848/49 Amerika in Aufregung versetzte, ist Kalifornien nicht mehr zur Ruhe gekommen. *California dreamin'* – die Menschen im fernen Westen träumen bis heute, und zwar von Reichtum über Nacht und vom Neuanfang im besten Land der Welt. Traditionen gelten nichts, neue Ideen dafür umso mehr. Alles ist möglich, die allgemeine Euphorie ist greifbar. Kalifornien ist der dynamischste Staat der USA und die Trendschmiede der Nation. Hier begann die Hippie-, Schwulen- und Aerobicbewegung. Sit-ins, Beatniks, Cyber-Kids, Reality-TV und Microsoft, Jogging, Jeans und Müsli, Talkshows und Inlineskating: alles made in California. Auch zu Beginn des dritten Jahrtausends gilt: *The sky is the limit*. Der allerletzte Schrei: die Vergrößerung der Pobacken – bei Frauen und Männern.

Die Promenade von Venice Beach ist weitaus bekannter als sein Strand

So weit ist es aber noch nicht. Als Besucher kommt man mit Englisch mühelos durch. Doch für eine Reise sollte man die Distanzen und die kulturellen Eigenheiten der Regionen bedenken. Eigentlich wäre jede der vier Regionen, in die man Kalifornien nach geografischen und touristischen Kriterien aufteilt, und jede der Metropolen eine eigene Reise wert. Wer jedoch die Vielfalt des Landes während einer Rundfahrt kennen lernen möchte, hat die Gelegenheit, sich eine Reise mit echten Höhepunkten zusammenzustellen: den Norden mit seinen einsamen Buchten und Redwoodwäldern, dazu die faszinierenden Höhenzüge von Mount Shasta und Cascade Range; den Highway 1 mit seiner atemberaubenden Küste zwischen San Francisco und Los Angeles; Südkalifornien mit seinen zahllosen Badestränden, Vergnügungsparks und wildromantischen Wüsten; die raue Sierra Nevada jenseits des Central Valley, mit den Geisterstädten aus der Goldgräberzeit. Nicht zu vergessen: die stimulierenden Großstädte San Francisco und Los Angeles. Sie liegen nahe genug beieinander, um sie auf einer einzigen Reise kennen zu lernen, doch weit genug voneinander entfernt, um ihre unterschiedlichen Charaktere zu wahren: Die Stadt am Golden Gate gibt sich eher europäisch und kultiviert. Die Entertainmentkapitale eine Tagesreise weiter südlich hingegen versteht sich als Drehscheibe für Extrovertiertes, Show und Glamour.

> *Um Kalifornien zu genießen, brauchen Sie viel Zeit*

All dies bedeutet: Kalifornien bietet mehr als jede andere Region in Amerika. Doch wer viel sehen will, legt dabei große Entfernungen zurück. Um Kalifornien genießen zu können, müssen Sie sich viel Zeit nehmen.

Googie, Smog und Hollywood

Kalifornien setzt Maßstäbe für die Welt: mit großen Errungenschaften ebenso wie mit Umweltproblemen

California Crazy

Schön ist, was gefällt: Nach diesem Motto bauen die Kalifornier am liebsten. Ein typisch kalifornischer Stil entstand erstmals nach dem Zweiten Weltkrieg, als die Diner und Coffeeshops riesige Fenster und kühn hervorkragende Dächer erhielten und drinnen pralle, ketchuprote Sitzbänke, die im grellen Neonlicht glänzten. »Googie« wurde dieser Stil genannt, und phantasievoll ging es weiter. Das Hamburger-Restaurant in Form eines Hamburgers, die Immobilienfirma Sphinx in einem als Sphinx geformten Haus, ein Dinosauriermuseum in einem riesigen Dinosauriermodell – Kalifornien hat sich in den letzten Jahrzehnten zu einem architektonischen Freistilparadies entwickelt, in das sich nahtlos auch die abenteuerlichen Wohnhäuser aus Redwoodholz einfügen, die sich an der Küste, beispielsweise an den Hängen des Mount Tamalpais im Marin County nördlich von San Francisco, entlangziehen. Der Fachbegriff für die groteskesten Auswüchse: *California Crazy.*

Giganten, die in den Himmel wachsen: ein Küstenmammutbaum im Sequoia National Park

Das durchgängige Bild besteht jedoch aus kleineren, flachen Einfamilienhäusern, die sich mit ihren roten Ziegeldächern häufig an den spanisch-mexikanischen Stil der Erstsiedler anlehnen. In welcher Zeit eine Stadt besonders sprunghaft wuchs, ist an den Spuren der jeweiligen Epoche zu erkennen: Klassizismus in Sacramento, Beaux Arts in San Francisco, Art déco in Los Angeles. Kaliforniens Wolkenkratzer sind ausnahmslos jüngeren Datums. Die Bürotürme von Los Angeles und San Francisco entstanden erst nach der Entwicklung erdbebensicherer Konstruktionen.

Erdbeben

Die Westküste sitzt auf dem *Ring of Fire*, einem von zwei T-förmigen Bögen mit vulkanischer Aktivität, auf dem sich driftende Erdschichten berühren. Die Reibung dieser tektonischen Platten, der Amerikanischen und der Pazifischen, verursacht ruckartige Bewegungen, die sich als Erdbeben an der Oberfläche bemerkbar machen. Die bisher schwersten Beben an Kaliforniens Reibungslinie, dem San-Andreas-Graben, ereigneten sich 1857 in Los Angeles sowie 1906 und 1989 in San Francisco. Mittelschwere Be-

Der San-Andreas-Graben aus der Vogelperspektive

ben verursachten erhebliche Schäden in Long Beach (1933) und im Norden von Los Angeles (1994). Geologen sind der Ansicht, dass die ganz große Katastrophe, *The Big One*, noch aussteht. Doch Prophezeiungen über den Zeitpunkt lassen sich nach dem gegenwärtigen Stand der Forschung nicht machen.

Fauna und Flora

Auch wenn Grizzlybär und Kalifornischer Kondor aus der freien Natur verschwunden sind, bietet Kalifornien noch immer vielen bedrohten Tieren Lebensraum. Die Heimat von unter anderem 123 Amphibien und Reptilien, 260 Vogelarten und 27 000 verschiedenen Insekten gestattet entlang der Küste den Blick auf Wale, Seelöwen, Seehunde sowie Seeotter. An Land entdeckt man – mit etwas Glück – Wiesel, Luchse, Graufüchse, Waschbären, Elche, in höheren Lagen Bergziegen, Murmeltiere und Schwarzbären.

Die hervorstechenden Pflanzen Kaliforniens sind die *Redwoods* (mit mehr als 100 m die höchsten Bäume der Welt), *Sequoias* (Mammutbäume mit bis zu 30 m Umfang die an Masse größten Lebewesen der Welt), Palmen, Kakteen und Yuccapflanzen wie die Joshua Trees, nach denen ein ganzer Nationalpark in Südkalifornien benannt wurde. Wilde Blumen blühen von Frühling bis Herbst in allen Farben. In den Bergen wachsen Begonien, Zwiebeln, Astern und Schafgarben, in der Wüste widerstandsfähige Sträucher wie der Kreosotbusch mit olivgrünen Blättern und gelben Blüten.

Hollywood

Als sich die ersten Filmfirmen in Hollywood niederließen, schufen sie die Bausteine für eine Industrie, die längst weltumspannend über das Kinogeschäft hinausreicht. Das amerikanische Fernsehen begann in den 1950er-Jahren damit, die großen Studiogelände, die in der Stummfilmzeit entstanden waren, als Produktionsstätten für den wachsenden Bedarf an TV-Serien zu nutzen. Heute ist das Fernsehen der größte Zweig der kalifornischen Unterhaltungsindustrie. Durch die wachsende wirtschaftliche Verflechtung von Unternehmen zogen ab Anfang der 70er-Jahre auch die großen Schallplattenfirmen an die Westküste. Die Bedeutung des Entertainment-Business für Los Angeles lässt sich nicht nur an der jährlichen Verleihung von Oscars, Grammys, Emmys und anderen Auszeichnungen für Unterhaltungskünstler ablesen. Mit mehr als 130 000 Beschäftigten und zahllosen Talenten, die auf ihre Chance hoffen, prägt das Showgeschäft den Lebensstil. Sichtbar wird er vor allem an den Superreichen, die sich in Beverly Hills und Malibu, abgeschirmt hinter hohen Mauern, wahre Traumhäuser gebaut haben.

Indianer
Die Ureinwohner Amerikas kamen vor etwa 12 000 bis 25 000 Jahren über die Beringstraße aus Asien ins Land. Sie lebten westlich der Rocky Mountains verstreut in kleinen Dörfern – insgesamt wohl eine halbe Million Menschen. Da sie keine Schriftsprache und kaum entwickelte Handwerkstechniken besaßen, haben sie außer in Höhlenmalereien bei Santa Barbara und nahe dem Death Valley keine Hinweise über ihre Kultur hinterlassen. Die ersten Europäer, die per Schiff an Kaliforniens Küsten landeten, wurden freundlich begrüßt. Die Miwoks etwa adelten Sir Francis Drake, als er an Land ging, mit einer Krone aus Federn.

In der Nähe der spanischen Missionen wurden von 1770 an die Küstenstämme durch Krankheiten wie Masern, Windpocken und Syphilis dezimiert. Die aus dem Osten heranrückenden Siedler drängten die Indianer des Inlandes gegen manchen Widerstand zurück. In den Bergen Nordost-Kaliforniens kämpften die Modocs einen mehrjährigen, vergeblichen Guerillakrieg gegen US-Truppen.

1870 waren fast 90 Prozent der Ureinwohner ausgelöscht, die Überlebenden in kleine Reservationen auf minderwertigem Land eingewiesen. Ihre Nachkommen leben noch heute dort, viele – wie die Cahuila bei Palm Springs, die Paiute-Shoshonen in Owens Valley und die Hupa an der Nordküste – sehr zurückgezogen.

National Parks
Acht der 55 amerikanischen National Parks befinden sich in Kalifornien: Channel Islands, Death Valley, Joshua Tree, Kings Canyon, Lassen Volcanic, Redwood, Sequoia und Yosemite. In diesen Naturschutzgebieten überleben viele der 260 Vogelarten, über 100 Reptilien- und Amphibienarten sowie Wale, Seelöwen, Graufüchse und Schwarzbären. Ein gewaltiges Heer von Förstern, *Rangers* genannt, widmet sich ihrer Pflege. Die Territorien dienen nicht nur dem Artenschutz. Sie ermöglichen 20 Mio. Besuchern im Jahr (Gesamt-USA), sich das Wunder Natur und die geologische Entwicklung der Erde aus der Nähe anzuschauen. Mit einem National Park Pass für 50 $ erhalten Passinhaber plus Auto und alle Passagiere freien Eintritt für ein Jahr in allen Parks.

Je stärker sich der Naturschutzgedanke durchsetzte, desto mehr Gebiete wurden unter Denkmalschutz

Plausch mit einem Indian auf dem Cabrillo Festival in San Diego

gestellt (National Monument), als hegenswertes Waldareal (National Forest) oder als Erholungszonen (National Recreation Area) der privaten Nutzung entzogen. Mit Zusatzaufkleber für 15 $ gewährt der Park Pass auch hier freien Eintritt. Weitere Infos unter *www.nps.gov.*

Politik und Gesetze

Die föderative Ordnung der USA garantiert den 50 Bundesstaaten Gestaltungsspielräume, besonders im Erziehungswesen und im Strafrecht. Kalifornien beispielsweise vollstreckt inzwischen wieder die Todesstrafe, räumt Frauen das Recht auf Abtreibung ein und belegt den Besitz von bis zu 25 g Marihuana mit einer Geldbuße von bis zu 500 $. Der Alkoholverkauf ist reglementiert (Mindestalter 21 Jahre, Ausschankverbot zwischen 2 und 6 Uhr). Oberster Repräsentant des Staates ist der Gouverneur, der zusammen mit den Politikern zweier Gesetzgebungskammern regiert. Die Wahlbevölkerung greift – ähnlich wie in der Schweiz – per Volksabstimmung, genannt Referendum, regelmäßig in die Politik mit ein.

Silicon Valley

Die Wortschöpfung für die massierte Ansiedlung von Computer- und Chipherstellern im Santa Clara Valley dokumentiert Kaliforniens Innovationskraft. Das 40 km lange Tal mit fast 1000 Firmen wurde während des Zweiten Weltkriegs von Absolventen amerikanischer Eliteuniversitäten, Banken und staatlichen Stellen zu einem Zentrum der Elektronikindustrie aufgebaut. Heute befinden sich in Silicon Valley auch die wichtigsten Firmen für Laser- und Gentechnologie sowie Telekommunikation und Internet. Trotz dem Einbruch der New Economy im Jahr 2000 ist dies nach wie vor einer der wichtigsten Wirt-

Literatur für die Reise

Geschichten aus Utopia

Seit dem Goldrausch hat Kalifornien die Schriftsteller inspiriert: Die goldenen Gestade am Pazifik, das ferne Land im Westen waren das Ziel der Pioniere und die Hoffnung ganzer Generationen auf eine bessere Zukunft. California war eine Spielwiese für neue Erfahrungen. Und die Literaten mischten kräftig mit: Mark Twain und Schatzinsel-Autor Robert Stevenson ebenso wie Upton Sinclair, Jack Kerouac, Henry Miller oder der Dichter der Beat-Generation Allan Ginsberg.

Einige Tipps für die Reise: John Steinbeck schildert in seinem Roman »Die Straße der Ölsardinen« das Leben im Hafen des alten Monterey. Armistead Maupin erzählt sehr humorvoll in seinen »Stadtgeschichten« von San Francisco. Und James Ellroys spannender Thriller »L. A. Confidential – Stadt der Teufel« spielt in der Gangsterszene von Los Angeles.

»Hightechhauptstadt des Landes«: das weltberühmte Silicon Valley

schaftstandorte des Staates – die Grundstückspreise beweisen es.

Smog

Los Angeles, die Stadt der Freeways und der Autos, ist für ihren Smog berüchtigt: Seit Jahren warnt die American Lung Association vor der schlechtesten Luft der USA. Doch das eine bedingt das andere. Mit den strengsten Umweltgesetzen der Nation versucht Kalifornien u. a. die Luftverschmutzung in L. A. in den Griff zu bekommen. Erste Erfolge wurden schon verzeichnet. So konnte der Smogpegel um 75 Prozent gesenkt werden. Man sieht schon häufiger Elektroautos fahren und an so manchen Parkplätzen auch Steckdosen zum Auftanken für die schadstofffreien Flitzer. Und von den Aussichtspunkten am Mulholland Drive oder vom Getty Museum aus zeigt sich Los Angeles immer häufiger in verblüffend klarer Panoramasicht. Dennoch wird es Schätzungen zufolge wohl noch bis 2010 dauern, bis man die Vorgaben aus Washington erfüllt hat.

Wasserknappheit

Immer häufiger wird den Menschen im Süden für ein paar Stunden pro Woche das Wasser abgedreht: Wasserknappheit! Allein Greater L. A. und San Diego, in die Wüste gebaut und ungebremst wuchernd, benötigen drei Viertel der kalifornischen Trinkwasservorräte. Wie lange die Angelenos noch sorglos ihre Rasen sprengen können, ist seit Jahren ein Standardthema. Das kostbare Nass wird vom größten Pipelinesystem der Welt herangeschafft: Der Colorado-River-Aquädukt allein liefert 3,8 Mio. m^3 Wasser täglich! Los Angeles erhält sein Wasser aus der 400 km entfernten Sierra Nevada, aus dem Lake Havasu, der auch San Diego beliefert, und aus dem 700 km entfernten Sacramento Valley.

SHAKES
AMERICAN FRIES
HAMBURGERS

Schmelztiegel der Esskulturen

Multikulturell inspirierte Neuschöpfungen, gesundheitsbewusste Vollwertkost, die guten alten Steaks – probieren Sie nach Herzenslust

Kalifornien ist Amerikas Probierküche für ein neues Gaumenbewusstsein. Und neben amerikanischen sind auch deutschsprachige Köche ihre Propheten: Wolfgang Puck, Österreicher, und Joachim Splichal, Freiburger, zum Beispiel wissen, worauf es ankommt. Man nehme ausgezeichnete Grundprodukte, ständig neue Rezepte, mische alles mit etwas Chuzpe und würze es mit möglichst vielen prominenten Gästen. Ob bayerische Weißwurst neben marokkanischem Lamm, Salsa aus gelben Tomaten neben mit Kaviar belegter Pizza – Essen à la californienne braucht stets ein bisschen Show und neue Reize.

So entstand etwa vor 30 Jahren die »Fusion« oder »California Cuisine«. Ihre charakteristischen Hauptmerkmale bis heute: Koche leicht, variiere die ethnischen Spezialitäten der vielen Völker im Land und besorge alle Zutaten auf den heimischen Märkten. Ständige Innovation und neue Kreationen sind die erklärte Devise. Immer mehr marktbewusste Restaurants kommen dem Bedürfnis nach. Puck besitzt nach Anfangserfolgen im *Spago* in L. A. u. a. das *Postrio* in San Francisco, das *Granita* in Malibu und eine ganze Kette von *Wolfgang Puck Cafés*. Splichal, der mit acht Restaurants inzwischen 25 Mio. $ im Jahr umsetzt, betreibt das *Patina* in Hollywood und u. a. das *Pinot* in Pasadena und das *Pinot Blanc* im Napa Valley. Auch gewagte lukullische Verbindungen über Kontinente hinweg wie mexikanisch-thailändisch oder franko-japanisch finden Zuspruch. Puck nennt solches Kochen »multikulturell«. Die kalifornische Lust an derlei Innovation stimuliert längst Köche überall in den USA.

Diner auf der Melrose Avenue in L. A.

Die Wiege der California Cuisine steht allerdings in San Francisco. Alice Waters, Küchenchefin im *Chez Panisse* in Berkeley, machte um 1970 erstmals das Kochen mit regionalen Produkten, das wichtigste Prinzip der neuen kalifornischen Cuisine, zur Maxime *(1517 Shattuck Ave., Tel. 510/548-55 25,* **€€–€€€**; *preiswerteres Bistro im Obergeschoss)*.

Das stark gestiegene Interesse an guten, kreativen Gerichten geht mit einer wachsenden Kennerschaft der heute sehr angesehenen kalifornischen Weine einher. In den

Kalifornische Spezialitäten

Lassen Sie sich diese Köstlichkeiten gut schmecken!

blackened mahimahi – Goldmakrele, scharf angebraten (mit schwarzer Kruste)

butternut squash – kleine Kürbisart, überbacken mit braunem Zucker

Caesar salad with chicken strips – Salat mit Parmesan-Anchovis-Dressing und Hühnchenstreifen

California roll – Avocado und Krebsfleisch nach japanischer Art in einer Reisrolle

clam/fish chowder – sämige Muschel-/Fischsuppe

eggs over easy – Spiegeleier einmal gewendet

eggs sunny side up with bacon and hash browns – Frühstücksklassiker: Spiegeleier mit Speck und geraspelten Bratkartoffeln

filet mignon with baked potato – Filetsteak mit Folienkartoffel

fish taco with cilantro – Tortillahülle mit gebratenem Fisch, gewürzt mit Koriander

French toast with maple sirup – Brotscheiben in Eihülle (arme Ritter), darüber Ahornsirup

honey lager microbrew – Lagerbier aus einer Kleinbrauerei, teils mit Honig gebraut, teils nur wegen der hellbraunen Farbe so benannt

nachos with guacamole and sour cream – mexikanische Maischips mit Käse überbacken, dazu Avocadocreme und saure Sahne

New York Steak with stuffed mushrooms – Steak mit Fettrand, dazu überbackene und gefüllte, große Portabellopilze

prime rib with horseradish sauce – sehr zarte, dicke Bratenscheibe (das beste Fleisch vom Rind) mit Meerrettich

pumpkin pie – Kürbiskuchen

seared tuna with sesame crust – scharf angebratener Thunfisch mit Sesamkruste

sirloin steak with corn on the cob – Lendensteak mit Maiskolben

strawberry margarita – mit püriertem Eis gemixter Drink aus Erdbeeren und Tequila

turkey with stuffing, yams and cranberry sauce – Truthahn mit Füllung, Süßkartoffeln und Preiselbeermarmelade

bedeutendsten Anbaugebieten Napa Valley und Sonoma Valley haben sich Hunderte von neuen Winzern auf die gute, alte europäische Kunst des Weinbaus besonnen. Sortenreine Weine hatten in den USA lange keinen Markt. Erst als Weintrinker ihre Geschmackssinne auf Traubensorten wie Chardonnay und Sauvignon Blanc (weiß) oder Cabernet Sauvignon und Zinfandel (rot) einzustellen bereit waren, fanden die Bemühungen ambitionierter Winzer wie Robert Mondavi und Kellermeister wie Andre Tchelistcheff ihre Bestätigung. Ein Grund für die Qualität kalifornischer Weine ist das Klima. Anders als in Europa ernten die Winzer voll ausgereifte Trauben, die einen kräftigeren Geschmack entfalten. Dieser Geschmack wird durch die Lagerung in Eichenholzfässern abgerundet.

Neben dem Trend zu mehr kulinarischer Raffinesse, die selbstverständlich ihren Preis hat, gibt es auch die bodenständige amerikanische Küche. Am besten: die Speisen vom Grill. In Küstennähe ist frischer Fisch eine gute Wahl, im Landesinnern das obligate Steak mit gebackener Idaho-Kartoffel oder auch ein Hamburger (wenn er nicht aus einer Fast-Food-Braterei stammt). Für Fleisch (und für Thunfischsteaks) heißt es: *rare* (blutig), *medium rare* (mittel) und *well done* (durchgebraten).

Viele Amerikaner beginnen den Tag mit einem Frühstück im Coffeeshop oder im Diner, egal ob in den Metropolen oder in der Provinz. Der Kaffee wird *bottomless* serviert, was bedeutet, man kann sich ohne Aufpreis nachschenken lassen. Dazu gibt es meist Eier, Speck und Toast. Unterwegs speist man kalorienreich und billig vor allem in den Restaurants der Lastwagenfahrer, den *truck stops*.

In allen Restaurants gibt es eine Mittagskarte, das *lunch menu*, mit Sandwiches und Suppen, dessen Preise wesentlich unter denen des *dinner menu* liegen. Die Amerikaner trinken oft Eistee *(ice tea)* oder Kaffee zum Lunch. Ebenfalls populär ist Bier. Der neueste Trend, Bier aus kleinen Privatbrauereien, den so genannten *microbreweries*, erfreut auch die Gaumen europäischer Besucher.

Dinner wird, vor allen Dingen in ländlichen Gegenden, schon ab 17 oder 17.30 Uhr und zumeist nur bis 21 Uhr serviert.

Zu den besonderen Regeln in jedem amerikanischen Restaurant gehört es, dass die Gäste sich nicht selbst den Platz aussuchen. Sie bekommen von der Bedienung einen Tisch zugeteilt.

Raucher haben in Kalifornien ganz schlechte Karten: In Bars wie auch Restaurants darf schon seit Jahren nicht mehr geraucht werden. Zum Rauchen bleibt nur die Terrasse.

Bedienungsgeld ist in den Preisen auf der Speisekarte genauso wenig enthalten wie die Umsatzsteuer. Das Trinkgeld *(tip)* ist nicht etwa die Anerkennung für besondere Dienste, sondern der wohlverdiente Lohn für geleistete Arbeit. 15 bis 20 Prozent Trinkgeld auf den Nettorechnungsbetrag sind angemessen. Wer bar bezahlt, lässt das Trinkgeld nach dem Begleichen der Rechnung *(check)* auf dem Tisch liegen. Kreditkarteninhaber können den Betrag auf dem Kreditkartenbeleg eintragen.

EBERG

Alles, was man braucht ... oder nicht

Shopping – ein typisch amerikanisches Vergnügen in Einkaufszentren, auf Freiluftmärkten und in Outlet Malls

Vor allem seit die Kalifornier ihre Innenstädte wieder renoviert und belebt haben, macht der Einkaufsbummel richtig Spaß. Die Innenstadt von San Diego um die spektakuläre Horton Plaza, die State Street von Santa Barbara mit ihren hübschen spanischen Innenhöfen, die schicke Union Street in San Francisco oder die Third Street Promenade in Santa Monica sind die lohnendsten dieser Einkaufsmeilen und bieten dazu reichlich California-Flair.

Beliebt zum Discountshopping sind die zahlreichen Outlet Malls mit Fabrikverkauf namhafter Ketten, die allerdings meist fernab der Innenstädte auf dem Land liegen. Schön als Mitbringsel sind Kunsthandwerk wie Keramik oder innovativer Modeschmuck, wie sie auf den *Arts and Crafts Fairs* angeboten werden, die an vielen Wochenenden in den Küstenorten und den alten Goldgräberstädten der Sierra Nevada stattfinden.

Was lohnt sich sonst? Gebrauchte und neue Lederjacken (darunter Bomberjackets, auch in Army und Navy Stores), Jeans, Sport- und Outdoorklamotten, Fundsachen aus den 1950er-Jahren. Als Mitbringsel eignen sich auch alle die Produkte, die der Cowboykultur verhaftet sind, egal ob Stetson, Gürtel oder Cowboystiefel. Kunsthandwerk der Indianer sollten Sie nur in guten Galerien und Museumsläden kaufen. Dort sind die Produkte am ehesten authentisch.

Auf alle Preise wird eine Umsatzsteuer *(sales tax)* aufgeschlagen. Sie beträgt 7,25 Prozent. Gängiges Zahlungsmittel sind Kreditkarten, in den Städten vor allem American Express, in ländlichen Gebieten überwiegend Mastercard und Visa. Auf Flohmärkten und an Verkaufsständen auf der Straße, wo junge Künstler ihre Werke anbieten, wird bar oder mit Reisescheck bezahlt.

Autoreisende finden in den USA überall Gelegenheit, sich mit dem Nötigsten einzudecken. *Convenience stores* wie *7–11* und *Circle K* verkaufen Getränke und Eiswürfel für die Kühlbox, Kaffee, Snacks, Zeitungen und Farbfilme. *Drugstores* halten kosmetische Artikel sowie oft in einer *pharmacy* im Hause auch Medikamente bereit.

Ein »Who's Who« der Edelmarken: der elegante Rodeo Drive in L. A.

Feste, Events und mehr

Auf Hunderten von Festivals feiern die Kalifornier ihren Staat – und sich selbst

»Die Hälfte aller Verrückten lebt in 50 Meilen Umkreis von Los Angeles«, stöhnte US-Präsident Harry Truman einmal. Längst

Tournament of Roses Parade

nehmen's die Kalifornier als Kompliment. Denn sie sind aktiver und kreativer als ihre Landsleute, und wohl nirgends sonst in den USA genießt man so ausgiebig und bewusst wie hier. Die beliebtesten Feste spiegeln das wider.

Feiertage

1. Januar *New Year's Day;* **3. Montag im Januar** *Martin Luther King Jr. Day;* **3. Montag im Februar** *President's Day;* **letzter Montag im Mai** *Memorial Day;* **4. Juli** *Independence Day;* **1. Montag im September** *Labor Day;* **2. Montag im Oktober** *Columbus Day;* **11. November** *Veteran's Day;* **4. Donnerstag im November** *Thanksgiving Day;* **24./25. Dezember** *Christmas Eve und Christmas Day*

Veranstaltungen

Januar

Die *Tournament of Roses Parade* in Pasadena ist mit ihren Blumenwagenumzügen Kaliforniens schönstes Neujahrsfest

Februar

Die Chinatowns von San Francisco und Los Angeles feiern das *chinesische Neujahrsfest* mit Knallereien, Papierdrachen und Umzügen

März

Insider Tipp Der *LA Marathon* in Los Angeles, begleitet von über 100 Livemusikgruppen an der Strecke, ist der erste große Marathon des Jahres

Snowfest in Tahoe City: größter Winterkarneval im Westen

April

In Bodega Bay findet im Rahmen des zünftigen *Fishermen's Festival* die Segnung der Fischerflotte statt

San Francisco International Film Festival: kommerzielles Kino und Avantgardefilme

Mai

Während des *Cinco de Mayo* feiern die »Californios« genannten mexikanischen Einwanderer mit Paraden und Mariachi-Musik ihr kulturelles Erbe; besonders farbenfroh: die in Los Angeles

Sacramento Jazz Jubilee: Die Downtown und Old Sacramento werden zur Freilichtbühne

Juni

Während der *Napa Valley Wine Auction* in St. Helena kommen die besten Weine der Westküste unter den Hammer

Ende des Monats feiern in San Francisco die Schwulen Amerikas mit tollen Paraden und Kostümen ihren ★ *Pride Day*

Juli

Der Unabhängigkeitstag am 4. Juli wird überall mit *Paraden und Musik* gefeiert

Während des *International Surf Festival* in Manhattan und Redondo Beach messen sich die besten Surfer der Welt

August

Mit Paraden, Kostümen und viel Insider Tipp Essen würdigt die *Old Spanish Days Fiesta* die Gründer von Santa Barbara

Steinbeck Festival in Salinas: Lesungen und Touren zu Steinbeck-relevanten Orten

September

Das *Sausalito Art Festival* präsentiert Künstler aus aller Welt

Die Creme der internationalen Jazzszene musiziert auf dem *Monterey Jazz Festival*

Nichts als Blues bietet das *San Francisco Blues Festival*

Oktober

Zu *Halloween* ziehen landesweit Kinder in Horrorkostümen durch die Nachbarschaft

Zum Gruseln auch für Erwachsene: Insider Tipp das *Queen Mary Shipwreck Halloween Terrorfest* in Long Beach, für das der alte Luxusliner zu einem Horrorirrgarten umfunktioniert wird

John-Steinbeck-Haus in Salinas

Die schönste Stadt Amerikas

Die Perle am Pazifik, Stadt der Sehnsucht nicht nur für Amerikaner

Karte in der hinteren Umschlagklappe

Fragt man einen Amerikaner, in welche Stadt er am liebsten fahren möchte, lautet die Antwort: nach San Francisco **[122 A1]**. Die Popularität hat ihre Gründe, denn tatsächlich vereint keine andere Metropole in den USA auf so wenig Raum so viel Charme. Das Leben in dieser Stadt – die Einheimischen nennen sie liebevoll »the lady by the Bay« – pulsiert: Es herrscht Betriebsamkeit, aber keine Hektik, Kultiviertheit, aber keine Borniertheit – in dieser Atmosphäre fühlt sich jeder Fremde schnell heimisch.

Gebaut auf 40 kleine und sieben große Hügel an der Nordspitze einer schmalen Halbinsel, die sich schützend vor die große Bay schiebt, leben heute 750 000 Menschen in der Stadt, deren Dynamik die gesamte Bayregion mit ihren gut 7 Mio. Ew. bestimmt. Zwei Brücken (Golden Gate Bridge und San Francisco-Oakland Bay Bridge), eine U-Bahn und zahllose Fähren verbinden die Menschen diesseits und jenseits der Bucht.

Blick vom Alamo Square auf viktorianische Häuser und die Skyline von San Francisco

Geniales Energiesparkonzept des 19. Jhs.: San Franciscos Cable Cars

San Francisco ist gut zu Fuß zu erkunden. Beginnen Sie an der Waterfront. Hier gilt es touristische Zentren wie die berühmte Fisherman's Wharf ebenso zu erforschen wie den mediterran wirkenden Marina District und die Golden Gate Promenade, die zum Presidio führt, der alten Kasernensiedlung unter Eukalyptusbäumen. Weitere Stationen: North Beach, das italienische Viertel mit seinen Cafés, Restaurants und Gelaterias; Nob Hill, das noble Viertel auf den Hügeln, sowie Russian Hill und Pacific Heights, wo jede Straße herrliche Blicke auf die Bay bietet; Chinatown, das größte Chinesenviertel Nordamerikas, südlich von North Beach; Union Square, das Herz von Downtown, wo die Cable Cars bimmeln und

Jungen im Einheitslook im chinesischen San Francisco

Hotels, Theater und Kaufhäuser locken; und South of Market (kurz: SoMa), lange verwahrlost, heute kultureller Hot Spot mit Galerien, Museen und heißem Nachtleben.

Frei beweglich ist man mit dem *Muni-Pass* des *Municipal Railway System (Muni-)*, der Busse, Straßenbahnen und die Cable Cars betreibt *(www.sfmuni.com)*. Der *Muni*-Tagespass kostet 9 $, der Drei-Tage-Pass 15 $. Mit dem *City Pass* für 40 $ kann man eine Woche lang alle Verkehrsmittel benutzen und 25 Attraktionen besichtigen. Alle Pässe sind im *Visitor Information Center* erhältlich.

Ausführlicher informiert Sie der MARCO POLO »San Francisco«.

SEHENSWERTES

Alcatraz **[122 A1]**

Die Fahrt mit dem Boot und die Besichtigung der ehemaligen Gefängnisinsel (1934–63), auf der so berühmte Verbrecher wie Al Capone inhaftiert waren, dauert ca. 2½ Stunden. *The Rock*, wie Alcatraz genannt wird, galt als sicherstes Gefängnis der Welt. (Dennoch gelang neun Insassen die Flucht. *Abfahrt von Pier 41* (**[U E1]**, *Nähe Fisherman's Wharf), im Sommer tgl. 9.30 bis 16.15 Uhr, im Winter tgl. 9.30 bis 14.15 Uhr, Ticket 16 $, Tel. 415/705-55 55, unbedingt reservieren*

Cable Cars **[U E–F 1–2]**

★ Die kabelgezogene, über 100 Jahre alte Straßenbahn gehört zu den Wahrzeichen der Stadt. Die *Powell-Mason-Linie (Nr. 59)* beginnt am *Visitor Center* an der Ecke Market und Powell Street, windet sich in die Nobelgegend Nob Hill hinauf, um dann auf der Mason Street bis nahe Fisherman's Wharf wieder hinabzufahren. *Powell-Hyde-Linie (Nr. 60):* Market/Powell Street bis zur Northern Waterfront. *California-Linie (Nr. 61):* California

Street von Market Street bis Van Ness Avenue. Ebenfalls sehr lohnend: eine Fahrt mit den historischen Straßenbahnen der *F-Line,* die auf Market Street und Embarcadero verkehren. *Tgl. 6–24 Uhr, Tickets (3 $) sind an Automaten an den Haltestellen oder an Bord zu lösen*

Chinatown **[U E–F2]**

★ Die ersten Abenteurer aus China kamen, vom Goldrausch angelockt, um 1850. Wenige Jahre später wurden viele von ihnen als Kulis für den Eisenbahnbau eingesetzt. Zuletzt haben Flüchtlinge die Zahl der Chinesen im Westen der USA weiter anwachsen lassen.

Vom Union Square aus betritt man Chinatown an der Bush Street und Grant Avenue durch ein drachengeschmücktes Tor. *Grant Avenue,* heute voller Importgeschäfte, war einst die Straße der Opium- und Spielhöllen sowie der Bordelle. *Stockton Street* gilt als zweite Hauptstraße von Chinatown. Mehr als 100 Restaurants drängen sich allein zwischen Stockton und Bush Street sowie Kearny und Broadway (Tipp: *Hunan, 924 Sansome St., Tel. 415/956-77 27,* **€€**, und *Dol Ho, 808 Pacific St., Tel. 415/392-28 28,* **€–€€**). Kundige Führungen inklusive Lunch in einem der Lokale bietet *Wokwiz Tours* jeden Morgen um 10 Uhr für 40 $ *(Tel. 650/355-96 57, www.wokwiz.com).*

Einen Besuch wert sind auch die pagodenförmige *Old Chinese Telephone Exchange (743 Washington St.)* und *Buddha's Universal Church (720 Washington St.).*

Civic Center **[U E3]**

Das kulturelle und politische Zentrum von San Francisco liegt zwischen nicht besonders gepflegten Stadtvierteln, Tenderloin und Western Addition: *City Hall,* ein Granit- und Marmorgebäude mit Kuppel-

MARCO POLO Highlights »San Francisco«

★ **SoMa (South of Market)**
Nicht nur nachts tobt hier das Leben (Seite 32, 33)

★ **Fähre nach Sausalito**
Wasser, Wind und Golden Gate (Seite 34)

★ **Golden Gate Park**
Kaum bei einem Ausflug zu schaffen (Seite 30)

★ **Golden Gate Bridge**
Ewiges Wahrzeichen San Franciscos (Seite 30)

★ **Cable Cars**
Mit der Linie 60 die Hyde Street hinunter bis zur Fisherman's Wharf (Seite 28)

★ **Chinatown**
Die erste chinesische Siedlung außerhalb Asiens (Seite 29)

★ **Coit Tower**
Die Spitze eines Feuerwehrschlauchs als Wahrzeichen der Stadt (Seite 30)

dach, dahinter das *Veteran's Building*, wo 1945 die Charta der Vereinten Nationen unterzeichnet wurde, nebenan das *War Memorial Opera House* mit einem der besten Opernensembles der Welt, der San Francisco Opera, und der modernere Bau der *Symphony Hall.*

Coit Tower **[U F1]**
★ Der zylindrische, 63 m hohe Aussichtsturm wurde 1933 auf der Spitze des 74 m hohen Telegraph Hill zu Ehren der Feuerwehr errichtet. Coit Tower bietet einen vorzüglichen Blick auf die Stadt und die Bucht. *Tgl. 10–18 Uhr, Aufzug 3,75 $, Telegraph Hill*

Ferry Building **[U F2]**
Das im spanischen Stil reich verzierte alte Fährgebäude neben der Oakland Bay Bridge wurde jüngst restauriert. Zahlreiche Spezialitätenläden und Restaurants laden nun zu einer kulinarischen Weltreise. Beliebte Attraktion ist samstags auf der Plaza am Ufer der Bucht der Insider Tipp Farmer's Market – natürlich ausschließlich mit Produkten aus Bio-Anbau. *Market Street/Embarcadero*

Financial District **[U F2]**
Zwischen Kearny, Washington und Market Street stehen Wolkenkratzer wie die spitz zulaufende 225 m hohe *Transamerica Pyramid (600 Montgomery St.)* sowie das *Bank of America Building* mit Restaurant und Bar im obersten Stock *(555 California St.).*

Fisherman's Wharf **[U E1]**
Der alte Landeplatz der Bayfischer ist zu einer betriebsamen Touristenattraktion mit Straßenkünstlern und T-Shirt-Shops geworden. Von hier aus starten die Boote zu den Rundfahrten auf die Bucht hinaus. Achtung: Viele Restaurants sind zu teuer. Am *Pier 39* bietet eine Seelöwenkolonie ein inzwischen berühmtes Fotomotiv.

Golden Gate Bridge **[U C1]**
★ Die am häufigsten fotografierte Hängebrücke der Welt verbindet seit 1937 die Nordspitze von San Francisco mit Marin County. Zwei 230 m über den Wasserspiegel hinausragende Pfeiler tragen eine 5 km lange, 6-spurige Fahrbahn, die 67 m hoch über dem Wasser schwebt. Der Fußmarsch hin und zurück dauert etwa zwei Stunden und lohnt sich *(von der Endstation von Muni-Bus Nr. 28 aus).* Auch unter der Brücke zu stehen und hinaufzuschauen (guter Ausblick von *Fort Point National Historic Site,* 1850 zum Schutz der Golden Gate Passage entstanden), ist atemberaubend.

Golden Gate Park **[U A–C3]**
★ Das 4 km^2 große Gelände zwischen Pazifik und City wurde Ende des 19. Jhs. von Frederick Law Olmsted, dem Gestalter des New Yorker Central Park, mit mehreren Seen und Teichen angelegt. Die unzähligen Wege bieten Spaziergängern, Joggern und Radfahrern ein ideales Terrain. Der *Japanese Tea Garden* ist zu einer Art Wahrzeichen der Stadt geworden. Im Park befindet sich neben dem *M. H. de Young Memorial Museum (bis Herbst 2005 wegen Umbau geschlossen)* auch das neu renovierte *Conservatory of Flowers,* ein auffälliges weißes Gewächshaus im Stil der Kew Gardens in London.

MUSEEN

Insider Tipp

Asian Art Museum [U E3]

Mehr als 10 000 Objekte aus China, Japan, Indien, Nepal, Tibet und Südostasien, gestiftet von dem ehemaligen IOC-Präsidenten Avery Brundage. Guter Shop. *Di–So 10 bis 17, Do bis 21 Uhr, Eintritt 10 $, 200 Larkin St., www.asianart.org*

Insider Tipp

Exploratorium [U D1]

Ein unvergleichliches naturwissenschaftliches Museum mit über 650 Exponaten – (fast) alles ist zum Anfassen und selbst Probieren. Experimentierlust und Neugierde werden hier auf spielerische Art und Weise befriedigt. *Di–So 10–17 Uhr, Eintritt 12 $, Palace of Fine Arts, 3601 Lyon St. (Baker/Beach St.), www.exploratorium.edu*

San Francisco Maritime National Historic Park [U E1]

Seefahrtsgeschichte am Beispiel alter Schoner und Dampfer kann man am Hyde Street Pier *(Hyde St., westlich von Fisherman's Wharf)* bewundern. Im Museumsgebäude: Exponate aus der Geschichte der Meeresschifffahrt und des Fischfangs. *Tgl. 10–17 Uhr, Eintritt 5 $, 900 Beach St. (Polk St.)*

San Francisco Museum of Modern Art (SFMOMA) [U F2]

Mario Botta, der Stararchitekt aus der Schweiz, entwarf das ultramoderne Gebäude, in dem die beeindruckende Sammlung zeitgenössischer Kunst untergebracht ist. Drumherum im *Yerba-Buena-Viertel* (Insider Tipp) haben sich zahlreiche Galerien und Cafés angesiedelt. *Memorial Day–Labor Day Do–Di 10–18, sonst 11–18, Do bis 21 Uhr, Eintritt 10 $, 151 3rd St. (Mission St.), www.sfmoma.org*

ESSEN & TRINKEN

Riesig ist das Angebot mit 4000 Restaurants, zahllosen Bars und Cafés.

Modernes Gebäude für moderne Kunst: das Museum of Modern Art

Beach Chalet **[U A3]**
Amerikanisches Bistro am Westrand des Golden Gate Park mit verschiedenen Bieren vom Fass und Blick auf den Strand. *1000 Great Hwy., Tel. 415/386-84 39, €*

Cortez **[U E2]**
Trendlokal im Allegro Hotel mit witzigem Lampendekor; beliebte Bar. *550 Geary St., Tel. 415/292-63 60, €€*

E & O-Trading Company **[U F2]**
Ein nachgebautes ostasiatisches Handelskontor, in dem es Thaicurrys, Satés und gute Biere gibt. *314 Sutter St. (Grant St.), Tel. 415/693-03 03, €€*

Farallon **[U E2]**
Bester Fisch, der auch in Phantasiedekor präsentiert wird, z. B. Barstühle in Form von Tintenfischen. *450 Post St. (Mason St.), Tel. 415/956-69 69, www.farallonrestaurant.com, €€€*

Fog City Diner **[U F1]**
Diner mit dem Interieur eines historischen Luxuseisenbahnwagens. *1300 Battery St. (Lombard St.), Tel. 415/982-20 00, €*

Rubicon **[U F2]**
Innovative kalifornische Küche. Das Lokal gehört Regisseur Francis Ford Coppola, von dessen Weingut im Napa Valley viele Weine und das Olivenöl stammen. *558 Sacramento St. (Sansome St.), Tel. 415/434-41 00, €€€*

Yank Sing **[U F2]**
Großartige Dim-Sum-Auswahl mitten im Financial District. *427 Battery St., Tel. 415/781-11 11, €*

EINKAUFEN

San Franciscos Shoppingszene glänzt weniger durch riesige Malls als durch Tausende kleiner, hochwertiger Geschäfte mit oft einzigartiger Auswahl. Kaufhäuser und Boutiquen konzentrieren sich in folgenden Vierteln: Die Gegend um den *Union Square* ist das Shoppingzentrum von Downtown. Das *San Francisco Shopping Center (Powell und Market St.)* mit dem Kaufhaus Nordstrom und 35 Geschäften und die *Crocker Galleria (Post und Kearny St.)* mit 50 Shops und Restaurants liegen mitten im Gewühl. *Stockton St. Nr. 2* hat einen *Virgin Megastore* mit CDs und Software. Gegenüber vom St. Francis Hotel hat ein *Disney Store* aufgemacht *(400 Post St.)*, am Union Square ein riesiges *Niketown*. Mitten in ★ *SoMa (South of Market St.)* liegt das *Sony Metreon*, ein gigantischer Kino-, Restaurant- und Shoppingkomplex an der Fourth and Mission Street.

Andere Hot Spots zum Einkaufen: *Union Street* zwischen Fillmore Street und Van Ness Street (Schuhe, Klamotten), *Fillmore Street* zwischen Jackson Street und Sutter Street (Boutiquen und Galerien), *Hayes Street* westlich der City Hall (Avantgarde-Boutiquen), *Haight Street* zwischen Stanyan Street und *Central Avenue* (schrilles City Wear, Antiquitäten).

ÜBERNACHTEN

Das Angebot ist groß. Es empfiehlt sich dennoch zu reservieren. *San Francisco Reservation* vermittelt Zimmer gebührenfrei *(Tel. 510/628-44 50, www.hotelres.com)*.

Patent 139,121

Blaue Hosen für die Welt

Als der im bayerischen Buttenheim geborene Levi Strauss 1847 in New York ankam, ahnte er noch nicht, dass sein Name zum Markenzeichen werden würde. Für sechs Jahre ging er nach San Francisco, mit dem Ziel, die Goldgräber zu versorgen. Einer seiner Partner wurde der Schneider Jacob Davis, der bei Levi reißfestes, blaues Segelzeug en gros kaufte. Davis hatte einen Kunden, der immer die Taschen seiner Hosen zerriss, die Davis für ihn nähte. Eines Tages hatte er die Idee, die Taschen- und alle anderen Säume mit Metallnieten zu verstärken. Diese »Nietenhosen« wurden bei den Goldgräbern sofort ein Hit. Allerdings fehlte Jacobs das Geld, um seine Idee schützen zu lassen: Das Patentamt verlangte 68 $. Jacobs wandte sich Hilfe suchend an Levi Strauss. Der erkannte das Potenzial der neuartigen Hose sofort und stieg ein. Am 20. Mai 1873 erhielten die beiden Männer vom *Patent and Trademark Office* das Patent 139,121. Das war der Geburtstag der Blue Jeans.

The Dakota **[U E2]**
41 einfache Zimmer, mit Kühlschrank, nahe Union Square, günstiger Wochentarif. *606 Post St. (Taylor St.), Tel. 415/931-74 75, www.hotelsanfrancisco.com, €–€€*

Harbor Court Hotel **[U F2]**
Renoviert, am Hafen gelegen, mit Blick auf die Bay. Guter Japaner: *Ozumo. 131 Zi., 165 Steuart St., Tel. 415/882-13 00, Fax 882-13 13, www.harborcourthotel.com, €€*

Insider Tipp **Hotel Bijou** **[U E2]**
Guter Preis und zentrale Lage nahe der Market Street; die 65 Zimmer sind zwar klein, aber picobello sauber. *111 Mason St., Tel. 415/771-12 00, www.hotelbijou.com, €–€€*

Hotel del Sol **[U D1]**
Charmante Bleibe im Marina District; stilvoll und in bunten Farben dekoriert. *57 Zi., 3100 Webster St., Tel. 415/921-55 20, www.jdvhospitality.com, €€*

Mandarin Oriental **[U F2]**
Stilvoller und gepflegter Luxus in fernöstlichem Ambiente, mit Blick auf die Skyline. Asiatisch inspirierte Küche im edlen Restaurant *Silks. 158 Zi., 222 Sansome St., Tel. 415/278-98 88, www.mandarinoriental.com, €€€*

San Remo **[U E1]**
Nahe Fisherman's Wharf. *62 Zi., 2237 Mason St. (Francisco St.), Tel. 415/776-86 88, www.sanremohotel.com, €*

AM ABEND

Die besten Adressen für heißes Nachtleben sind das frühere Fabrikgelände ★ *SoMa (South of Mar-*

ket) und die Schwulenbars im Viertel *Castro* und an der *Folsom Street* **[U E3–F2]**. Die Bars und Clubs des *Financial District* **[U F2]** und der *Union Street* **[U D2]** sind Reviere der urbanen Elite. In den berühmten Kaffeebars an der *Columbus Street* in North Beach kehrten schon Jack Kerouac *(im Vesuvio, Nr. 255)* und Francis Ford Coppola ein **[U E1–F2]**. Trinken mit Aussicht kann man in den alten Grandhotels *Fairmont (Crown Room)* und *Mark Hopkins (Top of the Mark)*, beide in Nob Hill *(California und Mason Sts.)* **[U E2]**. Besonders spektakulär: der Blick aus dem *Carmelian Room* im 52. Stock des *Bank of America Building (555 California St.,* **[U F2]***)*.

Aktuelle Veranstaltungskalender gibt es im *San Francisco Weekly*, dem *San Francisco Guardian* und in der Sonntagsausgabe des *San Francisco Examiner* oder im Internet: *www.bayinsider.com, www.sfgate.com, www.bestofthebay.com*

Café du Nord **[U D3]**

Livejazz, Salsa, Lounge Music, dazu Tapas. *2170 Market St. (Sanchez St.), Tel. 415/861-50 16*

Jazz at Pearl's **[U F2]**

Livejazz-Institution in North Beach. *256 Columbus Ave., Tel. 415/291-82 55*

Ruby Skye **[U E2]**

Schicker Nachtclub auf zwei Ebenen, DJs spielen House-Music. *420 Mason St., Tel. 415/693-07 77*

Ten 15 **[U E3]**

Riesendisko auf drei Etagen, mit hipper Lasershow bis zum Morgen, oft Livemusik. *1015 Folsom St., Tel. 415/431-12 00*

STADTRUNDFAHRTEN & TOUREN

49-Mile Scenic Drive

Eine Route für Reisende, die mit dem eigenen Auto unterwegs sind. Orientierungskarten im *Visitor Information Center.*

Gray Line Tours

Gray Line offeriert eine Reihe von Stadtrundfahrten per Bus (deutschsprachiges Tonband, 38 $) sowie Ausflüge nach Napa und Sonoma Valley. *Transbay Terminal* **[U F2]** *(First and Mission St.), Tel. 415/434-86 87*

Haight-Ashbury Flower Power Walking Tour

Inside Tipp

Diese Tour führt durch das einstige Hippieviertel Haight-Ashbury und besichtigt u. a. die Häuser von Janis Joplin und den Grateful Dead. *Di und Sa ab 9.30 Uhr (15 $ für die 2-stündige Tour, Start Ecke Stanyan/Waller St.), Tel. 415/863-16 21*

Bay-Kreuzfahrten

Die klassische *Golden Gate Bay Cruise* bieten die Schiffe der *Red and White Fleet (20 $)* von Pier 43½ an **[U E1]**. *Fisherman's Wharf, Tel. 415/673-29 00*

Die ★ Fähre nach Sausalito fährt vorbei am Golden Gate. *Alle anderthalb Stunden vom Ferry Building* **[U F2]**, *Fahrtzeit: 1/2 Std., Golden Gate Ferry, Market St./Embarcadero, Tel. 415/923-20 00*

AUSKUNFT

San Francisco Visitor Information Center **[U E–F2]**

Neben allgemeinen Infos erhalten Sie hier auch die *Muni*-Pässe sowie den *City Pass. 900 Market St, Tel. 415/391-20 00, www.sfvisitor.org*

ZIELE IN DER UMGEBUNG

Muir Woods National Monument [120 B–C6]

Nur 25 km nördlich von San Francisco schützt am Highway 101 (Abfahrt: Stinson Beach) dieser Naturpark die letzten, über 80 m hohen Redwoods der Bay Area. Am Parkeingang verzaubert ein Spaziergang durch *Cathedral* und *Bohemian Grove*. Im *Mt. Tamalpais State Park*, gleich neben Muir Woods gelegen, unterbrechen Eukalyptushaine die Waldlandschaft. Zwei beliebte Surfstrände liegen zu Füßen von Muir Woods: *Stinson* und *Muir Beach*.

Sausalito und Tiburon [122 A1]

Sausalito (7300 Ew.) und Tiburon (8300 Ew.) sind zwei liebenswerte Städtchen, die San Francisco gegenüber in Marin County liegen (Fährverbindungen). Besucher mögen an beiden Orten vor allen Dingen die Straßen direkt an der Bucht mit den vielen Boutiquen, Galerien und Restaurants. Herrlicher Blick auf die San Francisco Bay von Restaurants wie *Alta Mira*, *Horizons* und *Spinnaker*. Pittoresk: die 400 Hausboote an der Richardson Bay nördlich von Sausalito.

Silicon Valley [122 A2]

Viel gibt es nicht zu sehen von den technischen Wundern im Tal der Computer: Industriehallen, Ladenstraßen, weitläufige Wohnviertel prägen das Bild zwischen Palo Alto und San Jose, eine Fahrstunde südlich von San Francisco. Einen Überblick über die technische Entwicklung gibt das *Tech Museum of Innovation* in San Jose *(Di–So 10–17 Uhr, Eintritt 9,50 $, 201 Market St., www.thetech.org)*.

Das eigentliche Wahrzeichen Sausalitos sind die zahlreichen Hausboote

Kaliforniens wilder Norden

Spärlich besiedelt – lieblich und wild, ein bisschen wie der Wilde Westen von einst

Herbe, raue und einsame Landschaft mit schroffer Küste und endlos weitem, waldreichem Inland – der 600 km lange Abschnitt zwischen San Francisco und der Grenze zu Oregon unterscheidet sich völlig von dem unbekümmerten Sonnenschein- und Surfland in den südlichen Breiten Kaliforniens. Das Meer ist hier kalt und besitzt gefährliche Strömungen.

Das Land der Kliffe und nebelverhangenen Strände, der riesigen Redwoodwälder und der versteckten, illegalen Anpflanzungen von Marihuana bietet überraschende Kontraste. Sie reichen von aktiven Vulkanen mit blubbernden Lavaströmen bis hin zu lieblichen Tälern – darunter das bekannte Napa Valley –, in denen die besten Weine der USA angebaut werden.

Abseits vom populären *Wine Country* leben nur wenige Menschen: Holzfäller, Fischer und Landwirte. Dieses ganz andere Kalifornien, das aussieht, als befände es sich in einer längst vergangenen Zeit, liegt nur 40 km nördlich von San Francisco entfernt.

Lassen Volcanic National Park: Wälder, kristallgrüne Seen und kochend heiße Quellen

HUMBOLDT/ DEL NORTE COUNTY

[120 A–B 1–3] Kaliforniens Küstenmammutbäume, *Redwood* oder auch *Sequoia sempervirens* genannt, gehören zu den größten Sehenswürdigkeiten an der kalifornischen Nordküste. Hauptort ist *Eureka* (**[120 A2]**, 26 000 Ew.), der 100 gut erhaltene Häuser aus der Zeit um 1900 besitzt. *Fort Humboldt*, am Südende der Stadt, diente einst als Wachposten gegen Indianer. Nördlich von Eureka liegen einige der herrlichsten und einsamsten Strände Amerikas, darunter *North Jetty* bei Arcata und *Trinidad State Beach* in der Nähe von Trinidad.

SEHENSWERTES

Mammutbäume

Viele der Giganten mit dem roten Stamm ragen über 100 m hoch in den Himmel. *Richardson Grove State Park* **[120 A3]** am Highway 101 bietet einen reizvollen Auftakt. Eine wahre Parade wartet an den Ufern des Eel River, an der ★ *Avenue of the Giants*, im *Humboldt Redwoods State Park* **[120 A–B3]**.

Fast surreal wirkt das Humboldt County im Abendlicht

Die 50 km entlang dem Highway 54 gehören zum Imposantesten, was die Natur zu bieten hat. *Ferndale* (**[120 A3]**, 1300 Ew.) ist ein hübscher Ort mit viktorianischen Häusern und einem kleinen Museum, das die Geschichte des Eel-River-Tales und der Redwoods erläutert.

Nördlich von Orick beginnt der Insider Tipp *Redwood National Park* **[120 A1]**, 500 km^2 groß, in dem drei der höchsten Bäume der Welt stehen (112 m). Der Park, 1968 als Nationalpark ausgewiesen, schützt die jahrhundertealten Bäume vor den Motorsägen der Holzfäller, die im Nordwesten der USA rücksichtslos die Natur ausbeuten. Die schönsten Haine der Redwoods mit Lehrpfaden sind *Lady Bird Johnson Grove, Stout Grove* und der auf maximal 50 Autos pro Tag limitierte *Tall Trees Grove*.

ESSEN & TRINKEN

Café Marina/Woodley's Bar

Frische Dungeness-Krabben und Blick über die Bay. *Woodley Island Marina, Eureka, Tel. 707/443-22 33, €–€€*

Samoa Cookhouse Insider Tipp

Letztes der alten *Cookhouses*, in denen die großen *Lumber Companies* einst die Holzfäller beköstigten. Kalorienreiche Hausmannskost, zugleich Museum. *Hwy. 101 (über die Samoa Bridge), Tel. 707/442-16 59, www.humboldtdining.com/cookhouse, €*

ÜBERNACHTEN

Bayview Motel

Steile Giebel und Aussichtsterrassen hoch über der Bay. 17 ansprechende Minisuiten. *2844 Fairfield St., Eureka, Tel. 707/442-16 73, www.bayviewmotel. com, €*

Benbow Inn
Alte-Welt-Eleganz im Tudorstil, exquisites Restaurant, erstklassige Weinkarte. *55 Zi., 445 Lake Benbow Drive, Garberville, Tel. 707/923-21 24, www.benbowinn.com, €€–€€€*

Carter House Inns
Vier in Old Eureka verteilte viktorianische Gasthäuser unter gleichem Management. Viel Liebe zum Detail. *25 Zi., 301 L St., Tel. 707/444-80 62, www.carterhouse. com, €€–€€€*

FREIZEIT & SPORT

Kayaking & Segeln
Humboats verleiht Kajaks, Segelboote und Kanus und organisiert geführte Paddeltouren ins *Humboldt Bay National Wildlife Refuge. F St., Woodley Island Marina, Tel. 707/444-30 48, www.humboats.com*

Lachsfischen
Mai bis Oktober ist die Zeit zum Lachsangeln. Organisierte Touren veranstaltet *John Klar's Sportfishing (Eureka, Tel. 707/442-18 67, http://johnklar.com).*

AUSKUNFT

California's Redwood Coast
1034 2nd St., Eureka, Tel. 800/346-34 82, www.redwoodvisitor.org

Redwood National Park Information Center
Informationen zum *Tall Trees Trail. Abzweigung von Hwy. 101, 2 km südlich von Orick, Tel. 707/464-61 01, www.nps.gov/redw/*

LASSEN VOLCANIC NATIONAL PARK

[121 D3] ★ Der Park beginnt 70 km östlich von Redding am Highway 44. *Mount Lassen*, die Südspitze der Cascade Mountain

MARCO POLO Highlights »Der Norden«

★ **Avenue of the Giants**
Die Parade der riesigen Redwoodbäume (Seite 37)

★ **Lassen Volcanic National Park**
Wo die Erde noch immer aktiv ist (Seite 39)

★ **Napa Valley**
Der Inbegriff kalifornischer Weinkultur (Seite 41)

★ **Mendocino Coast**
Umtoste Klippen und bunte Künstlerdörfer (Seite 40)

★ **Tour mit Informationen über den Weinanbau**
Eine kleine Wein- und Champagnerschule (Seite 46)

★ **Skunk Train**
Per Eisenbahn durchs Baumriesenland (Seite 41)

Unter der Erde brodelt, zischt und faucht es: Lassen Volcanic National Park

Range, 3178 m hoch und das ganze Jahr über schneebedeckt, war zwischen 1914 und 1921 über 300-mal aktiv und »schläft« Geologen zufolge nur. Er liegt inmitten bizarrer Gesteinsformationen, umgeben von brodelnden Thermal- und Schwefelquellen. Durch die *Sulphur Works Thermal Area* und *Bumpass Hell* führen ausgewiesene Wanderwege *(trails)*, auf denen man die Natur hautnah erleben kann. *Hot Rock* ist ein 400 t schwerer Lavabrocken, der meilenweit durch die Luft geschleudert wurde. *Chaos Jumbles* besteht aus Hunderttausenden von Lavateilen, über 4 km^2 verstreut.

Eine herrlich gelegene Unterkunft im Park ist die *Drakesbad Guest Ranch.* Hier finden Sie Propangaslampen statt Elektrizität *(15 Zi., Warner Valley Rd., Chester, Tel. 530/529-15 12, www.drakesbad.com, €–€€).*

Infos erhalten Sie in den *Ranger Stations.* Die größte befindet sich im *Loomis Museum* am Nordwesteingang. Das *Park Headquarter* liegt in *Mineral (SR 36, 14 km außerhalb des Parks, Tel. 530/595-44 44, www.nps.gov/lavo/).*

MENDOCINO COAST

[120 A–B 4–5] ★ Der landschaftlich reizvolle Küstenabschnitt zwischen dem Gualala River und dem Point No Pass bildet die Überleitung zwischen dem lieblicheren Weinanbauland und dem rauen Norden. Am Meer liegen idyllische Fischer- und Künstlerdörfer, landeinwärts kleine Weingüter. Zwischen Dezember und Februar kann man Grauwale beobachten.

Mendocino (800 Ew.) ist mit seinem gut erhaltenen viktorianischen Stadtkern und dem romantischen Blick auf den Pazifik zu einem Zentrum für Kunst und Kunsthandwerk geworden.

ESSEN & TRINKEN

Insider Tipp

Café Beaujolais
Französische Küche mit kalifornischem Akzent, marktfrische Zutaten. Eins der besten Restaurants in Nordkalifornien. *961 Ukiah St., Mendocino, Tel. 707/937-56 14, www.cafebeaujolais.com,* €€€

Sharon's By the Sea
Fangfrischer Fisch zu guten Preisen. *32100 N Harbor Drive, Fort Bragg, Tel. 707/962-06 80,* €€

ÜBERNACHTEN

Agate Cove Inn
B & B in hübschem, altem Cottage. Die zehn Zimmer haben alle eine Terrasse, außerdem zwei Zimmer im Haupthaus und sechs Cottages. *11201 Lansing St., Mendocino, Tel. 707/937-05 51, www.agatecove. com,* €€–€€€

The Albion River Inn
An der Mündung des Albion River. Einige Räume mit Kamin. Restaurant mit tollem Pazifikblick und guter Küche. *20 Zi., 3790 N Hwy. 1, Albion, Tel. 707/937-19 19, www.albionriverinn.com,* €€€

FREIZEIT & SPORT

Catch a Canoe & Bycicles too
Vermietung von Kajaks, Kanus und Fahrrädern, Ausgangspunkt für schöne Radtouren entlang des Pazifiks. *Hwy. 1 und Ukiah Rd., Mendocino (im Stanford Inn), Tel. 707/937-02 73, www.stanfordinn.com*

Eisenbahntour
Ein Erlebnis ist die Fahrt mit dem historischen ★ *Skunk Train* durch die Redwoodwälder von Fort Bragg nach Willits. *Fort Bragg, Hwy. 1 und Laurel St., Tel. 800/866-16 90, www.skunktrain.com*

AUSKUNFT

Fort Bragg-Mendocino Coast Chamber of Commerce
332 N Main St., Fort Bragg, Tel. 707/961-63 00, www.mendocinocoast.com

NAPA VALLEY

[120 C5–6] ★ Der Highway 29 führt durch das Tal, an dessen Hängen 209 Weingüter mit einer Anbaufläche von 150 km^2 liegen. Am südöstlichen Eingang des Tals liegt *Napa* (76 000 Ew.) mit viktorianischen Häusern, Shops und Kunstgalerien. Napa wurde 1848 gegründet und trägt den Namen der längst ausgestorbenen Napa-Indianer.

SEHENSWERTES

Weingüter
In *Yountville* interessiert vor allem *Vintage 1870*, eine ehemalige Destille, in der jetzt Shops und Restaurants untergebracht sind. In und um *St. Helena* liegen viele der bekanntesten Weingüter und das *Silverado Museum (Di–So 12–16 Uhr, Eintritt frei, 1490 Library Lane)*, in dem Erinnerungsstücke aus dem Leben des Schriftstellers Robert Louis Stevenson (»Die Schatzinsel«) zu finden sind. Am Nordende des Napa Valley liegt *Calistoga* (5000 Ew.), berühmt für Heilwässer und Moorbäder. 3 km nördlich von Calistoga befindet sich einer der drei Geysire in den USA, die wegen ih-

rer regelmäßigen Ausbrüche *Old Faithful* genannt werden.

Weinproben sind die Hauptattraktion im Tal. Manche Winzer machen aus dem Besuch ein organisiertes Spektakel, andere halten den Rahmen individueller und herzlicher. Weingüter mit regelmäßigen Touren: *Beringer Vineyards (St. Helena, Tel. 707/ 963-71 15), Domaine Chandon (Yountville, Tel. 707/ 944-22 80)* und *Sterling Vineyards (Calistoga, Tel. 800/726-61 36).* Insider Tipp Weinprobe und Ausstellungen: *Clos Pegase* mit spektakulärem modernen Design von Michael Graves *(Calistoga, Tel. 707/942-49 81)* und – nach Vereinbarung – *Rudd Estate (Oakville, Tel. 707/944-85 77), Trefethen Vineyards (Napa, Tel. 707/ 255-77 00)* sowie Insider Tipp *Hess* mit einer Sammlung moderner Kunst *(westlich von Napa, Tel. 877/707-43 77).* Etliche der Weingüter verfügen über erstklassige Restaurants.

ESSEN & TRINKEN

Cindy's Backstreet Kitchen (Insider Tipp)
California Cuisine zu vernünftigen Preisen. Fabelhafte Weinauswahl, auch zum Verkosten in der Bar. *1327 Railroad Ave., St. Helena, Tel. 707/963-12 00,* €€

French Laundry
Tempel franko-kalifornischer Küche: Monate im Voraus reservieren! *Washington und Creek Sts., Yountville, Tel. 707/944-23 80,* €€€

Tra Vigne
Eine Hommage an die toskanische Küche – mit kalifornischem Touch. Produziert Olivenöl. *1050 Charter Oak Ave., St. Helena, Tel. 707/963-44 44,* €€–€€€

Zuzu
Leckere spanisch-kalifornische Tapas und Weine. *829 Main St., Napa, 707/224-85 55,* €

EINKAUFEN

Napa Premium Outlets
Rund 50 Läden, u. a. Jeans und Sportswear von Levi's, Nautica und Tommy Hilfiger. *Mo–Sa 10–20, So 10–18 Uhr, Hwy. 29, 1st St. Exit, Napa, Tel. 707/226-98 76*

ÜBERNACHTEN

John Muir Inn
Dreistöckiges, neues Hotel mit Kochnischen für Selbstversorger und Garten. *59 Zi., 1998 Trower Ave., Napa, Tel. 707/257-72 20, www.johnmuirnapa.com,* €–€€

Mount View Hotel
Renoviertes viktorianisches Hotel mit dem erstklassigen Restaurant *Catahoula. 33 Zi., 1457 Lincoln Ave., Calistoga, Tel. 707/942-68 77, www.mountviewhotel.com,* €€–€€€

FREIZEIT & SPORT

Ballonfahrten
Einmalig: bei Sonnenaufgang in einem Heißluftballon über Napa Valley fliegen. Kosten inkl. Champagner und Brunch ca. 200 $. *Napa Valley Balloons, Yountville, Tel. 707/944-02 28*

Eisenbahn
Im restaurierten Pullmanwagen äußerst komfortabel durchs Wine Country. *Fahrt 65–140 $, Napa Valley Wine Train, Napa, Tel. 707/253-21 11, www.winetrain.com*

Radfahren

Beschaulich auf dem *Silverado Trail,* der kurvenreichen Landstraße von Napa nach Calistoga. *St. Helena Cyclery, 1156 Main St., St. Helena, Tel. 707/963-77 36*

AUSKUNFT

Napa Valley Conference and Visitors Bureau

1310 Napa Town Center, Tel. 707/226-74 59, www.napavalley.com

Point Reyes National Seashore

[120 B6] Point Reyes ist ein Refugium für über 300 Vogel- und 72 Säugetierarten. Darunter: Elche, Seehunde, Seelöwen und vorbeiziehende Wale. Point Reyes selbst liegt als Felsenkliff mit dem fotogenen ★ *Point Reyes Lighthouse* hoch über dem Meer. Nach Norden haben Sie einen weiten Blick über endlose weiße Strände, nach Südwesten blicken Sie über das Wasser der Drakes Bay zum Mt. Tamalpais. Die abwechslungsreiche Küstenlandschaft ist ideal zum Wandern mit mehr als 120 km Wanderwegen, besonders schön im Mai und Juni, wenn die Wildblumen blühen. *McClures* und *Limantour Beaches* gehören zu den beliebtesten Stränden der Küste.

SEHENSWERTES

Audubon Canyon Ranch

5 km nördlich von Stinson liegt am Highway 1 der Eingang zu dem nach dem Naturforscher James Audubon benannten Vogelschutzgebiet an den Hängen des Mt. Tamalpais. Zwischen März und Anfang Juli nisten die blauen und silbernen Reiher in den Bäumen um die Lagune von Bolinas.

In Point Reyes lassen sich Seehunde bewundern – oft ganz nah

Point Reyes National Seashore Park
Naturgetreu wieder aufgebaut wurde das Indianerdorf *Miwok Indian Village*. Ausstellungen im *Visitor Center* und der *Earthquake Trail*, der die San-Andreas-Spalte kreuzt, geben Aufschluss über das Erdbebengebiet.

ESSEN & TRINKEN

Barnaby's
Kalifornische Küche mit japanischen Akzenten. *12938 Sir Francis Drake Blvd., Inverness, Tel. 415/669-11 14, €–€€*

The Station House Cafe
Gartenrestaurant mit innovativer Küche. Zum Frühstück: Omelette mit Speck und frischen Austern. *Hwy. 1/Main St., Point Reyes Station, Tel. 415/663-15 15, €€*

ÜBERNACHTEN

Manka's Inverness Lodge
Luxushaus mit vorzüglicher Küche, marktabhängiges Speisenangebot. *6 Zi., Argyle St. und Callendar Way, Inverness, Tel. 415/669-10 34, www.mankas.com, €€€*

Point Reyes Seashore Lodge
Gemütliches Hotel in Olema. *21 Zi., 10021 Coastal Hwy. 1, Tel. 415/663-90 00, www.pointreyesseashore.com, €€*

AUSKUNFT

Point Reyes National Seashore Visitor Center
Guter Ausgangspunkt für Wanderungen. *Bear Valley Rd. (Hwy. 1, etwas nördlich von Olema), Tel. 415/464-51 00*

SHASTA CASCADE/ LAKE SHASTA

[120 C1–3] Dieses Gebiet um den Mt. Shasta und die Cascade-Bergkette ist ein Land der tiefen Wälder, Seen, Gletscher und Vulkane, Domäne der Wanderer, Fischer, Kanu- und Floßenthusiasten. Der *Shasta National Forest* bietet 2500 km einsame Wanderwege. Der *Shasta Dam* mit einer 155 m hohen Staumauer hält das Wasser für den künstlichen *Lake Shasta* mit einer 500 km langen Uferlinie zurück. Den See erkunden Sie am besten per Hausboot.

SEHENSWERTES

Redding **[120 C3]**
Guter Ausgangspunkt für Touren. Die Attraktion der Stadt (87 000 Ew.) ist der *Turtle Bay Exploration Park*, eine weitläufige Gartenanlage mit Museen und der spektakulären *Sundial Bridge* von Santiago Calatrava *(tgl. 9–17 Uhr, Eintritt 11 $, www.turtlebay.org, Hwy. 44)*. Insider Tipp

Mt. Shasta **[120 C1]**
Der 4317 m hohe und das ganze Jahr schneegekrönte Berg ist von weither sichtbar. Acht Gletscher schmiegen sich an seine Hänge, entlang des Wegs zum Gipfel dampfen heiße Quellen: Den Indianern einst der Sitz des Großen Geists, ist Mt. Shasta heute ein Tummelplatz für New-Age-Jünger. Der *Everett Memorial Highway* bietet einen spektakulären Blick auf Berge und Täler. In *Yreka*, einem alten Goldgräbercamp, sind einige der Holzhäuser aus dem 19. Jh. zu B & B-Häusern ausgebaut worden.

Wie im Western: vier Cowboys beim Rindertreiben im big country

ESSEN & TRINKEN

Lily's
Nettes, kleines Restaurant mit leichten Gerichten aus aller Welt. *1013 S Mt. Shasta Blvd., Mount Shasta, Tel. 530/926-33 72,* €€

Tolo's
Gyros, Salate und Burger mit Blick auf den Mt. Shasta. *107 Chestnut St., Mt. Shasta, Tel. 530/918-90 91,* €

ÜBERNACHTEN

Best Western Tree House
Gemütlich eingerichtetes Haus der Mittelklassekette. Pool, Restaurant. *95 Zi., 111 Morgan Way, Mt. Shasta, Tel. 530/926-31 01,* €€

McCloud Hotel
Restauriertes B & B. *17 Zi., 408 Main St., McCloud, Tel. 530/964-28 22, www.mccloudhotel.com,* €–€€

FREIZEIT & SPORT

Fischen
Angelgenehmigungen fürs Forellenfischen im Lower Sacramento und anderen Flüssen gibt es in Sport- und Lebensmittelgeschäften für zwei Tage (16,80 $) oder für zehn Tage (33,35 $). Touren arrangiert *The Fly Shop (4140 Churn Creek Rd., Redding, Tel. 530/222-35 55).*

Hausboote
Lake Shasta: *Packer's Bay Marina (Shasta Lake, Tel. 530/275-55 70, www.packersbay.com),* Lake Trinity: *Trinity Alps Marina (Lewistown, Tel. 530/286-22 82, www.trinityalpsmarina.com).*

Hiking
8 km und 2300 Höhenmeter sind es vom Parkplatz Bunny Flat auf den Gipfel des *Mt. Shasta (Anfahrt auf Everett Memorial Hwy.).* Nicht vergessen: Kopfbedeckung, 4 l Wasser, Energieriegel, Sonnencreme.

AUSKUNFT

Shasta Cascade Wonderland Association

Welcome Center: *1699 Hwy. 273, Anderson, Tel. 530/365-11 80, www.shastacascade.org*

SONOMA VALLEY/ SONOMA COAST

[120 C6] Sonoma Valley ist das kleinere und weniger überlaufene der beiden berühmten Weintäler des kalifornischen Nordens. Der gleichnamige Ort (**[120 C6]**, 9600 Ew.) liegt eine Autostunde nördlich von San Francisco am Highway 12. Insider Tipp Das Zentrum ist eine lebendige Plaza, umgeben von Adobe-(Lehmziegel-) Häusern, 1835 vom mexikanischen General Mariano Vallejo angelegt. Östlich von *Glen Ellen* finden Sie den *Jack London Historic State Park*, der den Landbesitz und das Grab des Schriftstellers (»Der Seewolf«) umfasst. Das Haus ist heute ein Museum *(tgl. 10–17 Uhr, Eintritt 6 $ pro Fahrzeug)*. Entspannend: das Bad in den heißen Mineralquellen des Tales mit anschließender Massage.

Eine ★ Tour mit Informationen über den Weinanbau bietet der Champagnerhersteller *Korbel (Guerneville, Tel. 707/824-70 00)*. Nach Vereinbarung zu besichtigen: *Jordan (Healdsburg, Tel. 707/431-52 50)* und *Sonoma Cutrer (Windsor, Tel. 707/528-11 81)*. Auf dem Highway 12 oder 116 am malerischen Russian River entlang, dessen Tal ebenfalls beste Weine hervorbringt, fahren Sie in Richtung Küste. Zwischen Bodega Bay und Gualala **[120 B5–6]** erleben Sie einen der Höhepunkte Ihrer Kalifornienreise: Küste pur. Nicht jeden der menschenleeren Strände können Sie mit dem Auto erreichen. *Bodega Bay*, ein Fischerdorf, 1775 gegründet und heute Hochburg für Hochseefischer, hat Filmgeschichte gemacht: Hier

Die ehemalige Landresidenz des Generals Mariano Vallejo im Sonoma Valley

The Lost Coast

Kaliforniens letzte Wildnis

Hier kapituliert selbst der Highway 1. Die Traumstraße, die Big Sur so meisterhaft bewältigt hat, dreht hinter Fort Bragg kleinlaut bei, um sich landeinwärts bei Legget dem Highway 101 anzuschließen. Der Grund liegt geradeaus: Vor Ihnen öffnet sich eine dramatische, von Bergfalten tief zerfurchte Küstenlandschaft, vor der die erfahrensten Straßenbauer kapitulierten. 120 km lang ist der Abschnitt, der seiner Wildheit wegen *Lost Coast* genannt wird. Landschaftliche Höhepunkte setzen die Schutzgebiete *Sinkyone Wilderness State Park* und die *King Range National Conservation Area,* die sich auf dem Lost Coast Trail erwandern lässt, der zu Schiffswracks und einem verlassenen Leuchtturm führt. *Nähere Infos beim Bureau of Land Management, 1695 Heindon Rd., Arcata, Tel. 707/825-23 00, www.ca.blm.gov/arcata*

wurde Alfred Hitchcocks Schocker »Die Vögel« gedreht. Im *Fort Ross State Historical Park* steht die Nachbildung eines russischen Fellhandelspostens aus dem Jahr 1812.

ESSEN & TRINKEN

John Ash & Co.
Restaurant mit regionaltypischer Küche, die sich durch Frische und Vielfalt auszeichnet. *4350 Barnes Rd., Santa Rosa, Tel. 707/527-76 87, €€€*

Insider Tipp **Maya**
Mexikanische Rezepte, raffiniert zubereitet mit marktfrischen Ingredienzen, *101 E. Napa St., Sonoma, Tel. 707/935-35 00, €–€€*

ÜBERNACHTEN

Bodega Harbor Inn
Gemütliches, aus vier Häusern bestehendes Gasthaus hoch über der Bay. *14 Zi., 7 Cottages, 1345 Bodega Ave., Bodega Bay, Tel. 707/875-35 94, www.bodegaharborinn.com, €*

Fairmont Sonoma Mission Inn & Spa
Hotel aus den 1920er-Jahren, in dem Sie die heißen Quellen genießen können – und die dazugehörige *Spa Cuisine. 226 Zi., 18140 Hwy. 12, Sonoma, Tel. 707/938-90 00, www.fairmont.com, €€€*

El Pueblo Inn
Für die Sonoma-Region relativ preiswerte Bleibe im Haziendastil. *38 Zi., 896 W Napa St., Sonoma, Tel. 707/996-36 51, www.elpuebloinn.com, €€*

AUSKUNFT

Sonoma Valley Visitors Bureau
Karten und Infos auch über Weingüter und Restaurants. *Sonoma Plaza und am Hwy. 121, Sonoma, Tel. 707/996-10 90, www.sonomavalley.com*

In der Sierra Nevada

Jenseits des großen, heißen Tals liegen alte Boomtowns und spektakuläre Gebirgslandschaften

Die Hauptstadt Kaliforniens heißt nicht San Francisco und nicht Los Angeles, sondern Sacramento. Dass dieser Umstand kaum bekannt ist, liegt daran, dass das historische Zentrum des Staates sich ein wenig hinter seiner Rolle als Obst- und Gemüseanbaugebiet versteckt. Dabei begann unweit von hier, in den Foothills der Sierra Nevada, das moderne Kalifornien. Gold Country, das von Columbia im Süden bis nach Nevada City im Norden reicht, bekam seinen Namen, als der Mühlenvorarbeiter James Marshall am 24. Januar 1848 den ersten *nugget* entdeckte. Innerhalb von wenigen Monaten strömten Abenteurer aus der ganzen Welt in die Hügel am Fuß der Sierra Nevada, um ihr Glück zu machen. Die meisten fanden jedoch statt Goldklumpen nur hohe Preise, windschiefe Bretterbuden, Bars (50 gab es allein in dem Örtchen Coulterville), Prostitution und Glücksspiel.

Das Haupthindernis der Pioniere auf dem Weg gen Westen – die High Sierra – können Sie heute leicht überwinden und vor allem bestaunen, denn das Gebirgsmassiv hat nichts von seiner atemberaubenden Schönheit eingebüßt. National Parks wie Yosemite, Sequoia und Kings Canyon und große Seen wie Lake Tahoe und Mono Lake sind populäre Reiseziele geworden.

Das Capitol in Sacramento ist dem in Washington nachempfunden

Wildblumen am Tioga Pass im Yosemite National Park

Gold Country

[121 D–E 4–6, 122–123 C–D 1–2]
Vom großen Goldrausch übrig blieben die von Schriftstellern wie Mark Twain verewigten Legenden sowie die über das Goldgräberland verstreuten hölzernen Zeugen, mal zur Geisterstadt verfallen, mal als Museum herausgeputzt. Der ★ Highway 49 durchs Gold Country, *Golden Chain Highway* genannt, verläuft von Oakhurst im Süden bis zum Yubapass im Norden.

SEHENSWERTES

Goldgräberstädte
Häufig starben kleine Städte schnell wieder aus, sobald Gerüchte von

In der Geisterstadt Bodie fühlen Sie sich in die Goldgräberzeit versetzt

neuen Goldfunden aufkamen. Zu den noch sehr gut erhaltenen Orten gehören die alte Bergbaustadt Insider Tipp *Columbia* **[121 E6]** und *Sutter Creek* **[121 D6]**. *Placerville* **[121 D5]**, 65 km östlich von Sacramento, hieß ursprünglich *Hangtown:* Hier war Tod durch den Strang einst die häufigste Todesursache. In Placerville gibt das *El Dorado County Historical Museum* einen guten Einblick in die Geschichte von Gold Country *(Mi bis Sa 10–16, So 12–16 Uhr, Eintritt frei, 104 Placerville Drive).*

Nördlich von Placerville liegt *Coloma* **[121 D5]**, wo James Marshall den alles auslösenden ersten Goldklumpen fand. Im *Marshall Gold Discovery State Historic Park* wurde *Sutter's Mill,* die Mühle, für die Marshall arbeitete, eigens nachgebaut. *Auburn* (**[121 D5]**, 11 000 Ew.) besitzt eine Altstadt, die von der wilden Zeit des Goldrausches zeugt. *Empire Mine* bei Grass Valley schloss erst 1950, nachdem Gold für 100 Mio. $ aus dem Hauptschacht gefördert worden war. *Grass Valley* (**[121 D4]**, 12 000 Ew.), Alterssitz von Lola Montez, Tänzerin und Geliebte Ludwigs I. von Bayern, beherbergt auch das *North Star Mining Museum (im Sommer tgl. 10–17 Uhr, Eintritt frei, Allison Ranch Rd.).*

In *Nevada City* (**[121 D4]**, 3000 Ew.) ursprünglich ein Ferienort für San Franciscos reiche Bürger und Mitte des 19. Jhs. so groß wie die Stadt am Golden Gate, zerstörte ein Feuer 1856 viele Bauten. Was noch erhalten blieb, dient, schmuck renoviert, als Residenz für Antiquitätengeschäfte und Restaurants. 16 km weiter nördlich liegt der *Malakoff Diggins Historic State Park* **[121 D4]**, einst die größte Goldmine, in der das Metall mit Wasserkraft aus den Felsen gewaschen wurde.

In der alten Goldgräberstadt *Bodie,* am Osthang der Sierra Nevada, dauerte der Boom nur wenige Jahre. Die gut erhaltene, einsam gelegene Geisterstadt steht heute als *Bodie State Historic Park* **[121 F6]** unter Schutz.

ESSEN & TRINKEN

Citronée Bistro
Ein kulinarischer Höhepunkt des Gold Country; California Cuisine in Perfektion. Dazu ein preiswertes Café. *320 Broad St., Nevada City, Tel. 530/265-56 97,* €€–€€€

Poor Red's Barbecue
Lust auf ein Barbecue? Das beste und preiswerteste Barbecueangebot von Gold Country finden Sie hier. *Hwy. 49, südlich von Placerville, El Dorado, Tel. 530/622-29 01,* €

ÜBERNACHTEN

Holbrooke Hotel
Einst Saloon und Bordell, heute traditionsreichste Herberge am Ort. Gutes Restaurant. *28 Zi., 212 Main St., Grass Valley, Tel. 530/273-13 53, www.holbrooke.com,* €

National Hotel
Gilt als älteste Übernachtungsmöglichkeit westlich der Rocky Mountains. *42 Zi., 211 Broad St., Nevada City, Tel. 530/265-45 51, www.thenationalhotel.com,* €–€€

AUSKUNFT

Nevada County Chamber of Commerce
248 Mill St., Grass Valley, Tel. 530/273-46 67, www.ncgold.com

LAKE TAHOE

[121 E4–5] ★ Die schönste Anfahrt zum Lake Tahoe führt über die Autobahn I-80 durchs Gold Country. Weiter geht es über den *Donner Pass,* auf dem in 7 m hohem Schnee 1846 der Treck des Pioniers George Donner scheiterte. Der *Donner Memorial State Park* bietet Mediashows, die das Schicksal der Pioniere und die dramatische Geschichte des Eisenbahnbaus quer durch den Kontinent erzählen.

Lake Tahoe, der größte Bergsee Nordamerikas, ist 35 km lang und 19 km breit. Der See liegt 2000 m hoch in einer Mulde zwischen der Sierra Nevada und dem Ostende der Carson Range, umgeben von National Forests und Bergspitzen wie Eldorado, Tahoe und Toiyabe, die den Wasserspiegel des Sees

MARCO POLO Highlights »Zentralkalifornien«

★ **Lake Tahoe**
Der größte Bergsee Nordamerikas – das Schmuckstück der Sierra (Seite 51)

★ **Sequoia und Kings Canyon**
Am Generals' Highway lassen Mammutbäume bitten (Seite 54)

★ **Highway 49 durchs Gold Country**
Der Golden Chain Highway führt einmal quer durchs Goldgräberland (Seite 49)

★ **Yosemite National Park**
Wandern nach Herzenslust (Seite 55)

noch um 1200 m überragen. 274 Tage Sonne im Jahr und zuverlässige Schneeverhältnisse machen Tahoe zu einem Paradies für Angler, Wassersportler und Skifahrer. Der berühmteste Wintersportort ist *Squaw Valley*, Schauplatz der Olympischen Winterspiele 1960.

Die Tradition des Gebietes als Sommerfrische pflegten bereits die Washoe Indianer. Das *Gatekeeper's Log Cabin Museum* informiert über diesen Aspekt der Landesgeschichte *(im Sommer tgl. 11–17 Uhr, Eintritt 3 $, 130 W Lake Blvd., Tahoe City)*. *Emerald Bay State Park* lässt einen die Schönheit der Landschaft in Ruhe bewundern.

ESSEN & TRINKEN

Insider Tipp

Ernie's Coffee Shop

Altmodischer Diner. Kaffee, Burger, Pommes, serviert von netten, älteren »Fräulein«. *1146 Bay Rd., South Lake Tahoe, Tel. 530/541-21 61,* €

Wolfdale's

Kalifornisch-japanische Küche. *640 N Lake Blvd., Tahoe City, Tel. 530/583-57 00,* €€

ÜBERNACHTEN

Viking Motor Lodge

Einfach und sauber, mit eigenem Strand und Pool. *76 Zi., 4083 Cedar Ave., South Lake Tahoe, Tel. 530/541-51 55, www.tahoeviking.com,* €

FREIZEIT & SPORT

Ausfahrten auf den See sind besonders denkwürdig an Bord des Raddampfers »Tahoe Queen« *(ab 26 $, South Lake Tahoe, Ski Run Marina, Tel. 800/238-24 63)*. Sportlicher ist man mit dem selbst gemieteten Kanu, Kajak oder Jetski *(Tahoe City Marina, 700 N Lake Blvd., Tahoe City, Tel. 530/583-10 39)*.

Der kristallklare Lake Tahoe ist die ultimative Spielwiese für Wassersportler

Big Bad Bodie

Geisterstadt im Gold Country

Bodie liegt so, wie es sich für eine anständige Geisterstadt gehört: am Ende einer staubigen Piste, die vom Highway 395 aus in die trockenen, menschenleeren Foothills an der Ostflanke der Sierra Nevada abbiegt. Noch ein, zwei Kurven um riesige, braungraue Geröllhalden, dann liegt der Ort plötzlich da. 150 Häuser sind in mehr oder weniger gutem Zustand originalgetreu erhalten geblieben, sogar das schmutzige Geschirr steht noch auf dem Tisch, und in der Schule liegen vergilbte Bücher auf den Pulten. 1859 stieß William Bodey hier auf Silber. Die Glücksritter folgten, und 20 Jahre später lebten hier 10 000 Menschen, die in 30 Minen schufteten. Zwar wurde keiner richtig reich, dafür gab es drei Brauereien und 65 Saloons, von denen die meisten auch als Freudenhäuser dienten. Um 1880 waren die Silberadern erschöpft, nach mehreren Großbränden wurde die Stadt 1942 geschlossen.

AUSKUNFT

Lake Tahoe Visitors Authority
Günstige Hotelangebote, gute Infos auch für Skiurlauber. *1156 Ski Run Blvd., South Lake Tahoe, Tel. 530/544-50 50, www.bluelaketahoe.com*

SACRAMENTO

[121 D5] Zu Pionierzeiten war die Ranchsiedlung im Herzen des Central Valley das Sprungbrett in die Goldfelder und wurde deshalb 1854 zur Hauptstadt Kaliforniens erklärt. Heute ist die moderne Großstadt (440 000 Ew.) mit historischem Kern das wirtschaftliche Zentrum eines riesigen Agrarbezirks.

SEHENSWERTES

Old Sacramento
Die kleine Altstadt am Ostufer des Sacramento River verströmt noch etwas vom Flair der Goldrauschtage. Nostalgische Läden, Museen, historische Lokale, das 1849 gegründete *Old Eagle Theater* und mehr als 100 restaurierte Bauten. *Zwischen Front und 2nd St.*

Sutter's Fort State Historic Park
Rekonstruiertes Fort mit faszinierender Geschichte: 1839 gründete der Schweizer Einwanderer Johann Sutter hier die Siedlung »Neu-Helvetien«. Zehn Jahre später entdeckte sein Vorarbeiter Marshall das Gold der Sierra Nevada – und Sutter ging leer aus. Häufig historische Vorführungen. *Tgl. 10–17 Uhr, Eintritt 3 $, 2701 L St.*

MUSEEN

California State Railroad Museum
Sacramento war der westliche Endpunkt der kontinentalen Telegrafenleitung und Zielbahnhof der von Osten kommenden Eisenbahn. Von

dieser Zeit der Pioniere zeugt das Museum, eines der größten seiner Art mit über 21 restaurierten Lokomotiven sowie komplett eingerichteten Waggons. Fast alle Wagen sind von innen zu besichtigen. Ein Muss für Eisenbahnfans! *Tgl. 10–17 Uhr, Eintritt 6 $, 125 I St., www.californiastaterailroadmuseum.org*

Crocker Art Museum

Der Besuch des ältesten Museums des Westens lohnt sich allein schon wegen seiner schönen alten Hallen. Neben europäischer, asiatischer und kalifornischer Kunst zeigt es Sehenswertes über den Goldrausch. *Di–Mi, Fr–So 10–17, Do 10–21 Uhr, Eintritt 6 $, 216 O St.*

ESSEN & TRINKEN

The Firehouse

Bistro in ehemaliger Feuerwache von 1853. *1112 2nd St., Tel. 916/442-47 72, €–€€*

33rd Street Bistro

Weltoffene Atmosphäre, hübsche Straßenterrasse, immer voll. Leichte Fusion Cuisine. *3301 Folsom Blvd., Tel. 916/455-22 33, €*

ÜBERNACHTEN

Best Western Sutter House

Best value for money: Unerwartet hübsch eingerichtetes Hotel dieser Mittelklassekette. Mit Pool. *98 Zi., 1100 H St., Tel. 916/441-13 14, www.thesutterhouse.com, €–€€*

Insider Tipp **Delta King Riverboat**

Stilvoll schlafen auf restauriertem, altem Raddampfer aus den 1920er-Jahren in Old Sacramento. Lounge, Restaurant. *43 Zi., 1000 Front St., Tel. 916/444-54 64, www.deltaking.com, €€*

AUSKUNFT

Sacramento Convention and Visitors Bureau

1303 J St., 6. Stock, Tel. 916/808-77 77, www.sacramentocvb.org

SEQUOIA/ KINGS CANYON

[123 D–E 2–3] ★ Weniger touristisch als der Yosemite National Park, bestechen die beiden zusammenhängenden Nationalparks nicht nur durch den Mt. Whitney, mit 4418 m höchster Berg der Lower 48, sondern auch mit den größten Bäumen der Welt, den turmhohen Sequoias.

SEHENSWERTES

Mammutbäume

Der größte, der *General Sherman Tree* im *Giant Forest*, ist 2500 Jahre alt, besitzt einen Umfang von 34 m und erreicht 90 m Höhe, die Höhe eines 27-stöckigen Gebäudes. Der *General Grant Tree* im *Grant Grove* ist 88 m hoch und hat einen Umfang von 35 m. Eindrucksvoller als jeder einzelne Baum sind die vielen weiteren Mammutbäume, die man zu beiden Seiten des *Generals' Highway* und der von hier ausgehenden Wandertrails bestaunen kann.

ÜBERNACHTEN

Sequoia-Kings Canyon Park Services Company

Lodgereservierungen für beide Parks: *5755 E Kings Canyon Road, Suite*

Baumtitan, vor dem selbst ein Schwarzbär zum Zwerg zu schrumpfen scheint

101, Fresno, Tel. 559/452-10 81, www.sequoia-kingscanyon.com

AUSKUNFT

Grant Village Visitor Center
Ausgangspunkt für Wanderungen, z. B. 1,6 km entlang dem *Big Stump Trail*, der die Abholzung der Redwoods in vergangenen Jahrzehnten dokumentiert. *Kings Canyon: Grant Grove, Tel. 559/565-43 07, Foothills Tel. 559/565-31 35, Lodgepole Tel. 559/565-44 36, www.nps.gov/seki, www.visitsequoia.com*

YOSEMITE NATIONAL PARK

[122–123 C–D1] ★ Mit fast 4 Mio. Besuchern pro Jahr gehört der Yosemite National Park zu den beliebtesten Attraktionen der USA. Der Park liegt im hochalpinen Herzen der Sierra Nevada und schützt auf 3000 km^2 Fläche mehrere Ökozonen, die von den waldreichen Ausläufern der Sierra bis zu schneebedeckten Gipfeln reichen. 80 Säugetierarten, darunter Schwarzbär und Berglöwe, sowie über 250 Vogelarten leben hier.

1890 auf Betreiben des legendären Naturschützers John Muir (1838–1914) vom Kongress eingerichtet, um die in diesem Abschnitt einzigartige Bergwelt vor der Abholzung zu bewahren, durchziehen den Park heute über 420 km Straßen und ein dreimal so langes Wanderwegenetz. Wie so mancher berühmte Park schwebt auch der Yosemite in Gefahr, durch seine Besucherströme zerstört zu werden. Noch vor wenigen Jahren gehörten Verkehrsstaus und zertrampelte Wiesen zum Parkalltag. Nun steuern die Ranger gegen: Touristen werden angehalten, den Wagen stehen zu lassen und auf

Shuttlebusse umzusteigen. Zudem sind viele der empfindlichen Hochwiesen bis auf weiteres für Besucher gesperrt.

SEHENSWERTES

Glacier Point Insider Tipp

Von der fast 1000 m über der Talsohle liegenden Felskuppe gleitet der Blick über Bergkuppen, Wasserfälle und das menschenleere Backcountry der High Sierra. Später rücken die Sternegucker an: Der Nachthimmel über dem Glacier Point ist ein Fest für die Augen! *Stichstraße vom Hwy. 41 aus, nur Juni–Okt. geöffnet*

Mariposa Grove

Im Südzipfel des Parks entgingen rund 500 Sequoias den Sägen der Holzfäller. 80 m hoch und bis zu 3000 Jahre alt, verwandeln sie den Hain in eine halbdunkle Kathedrale. *Spazierwege, Touren in offenen Bussen tgl. 9–17 Uhr, Eintritt 11 $, Buchung unter Tel. 209/375-16 21, Hwy. 41*

Tioga Pass

Nördlich des Yosemite Valley kurvt der Highway 120 hinauf in die *High Sierra*. Dies ist das Land der smaragdgrünen Seen, Felsendome und Hochwiesen. Die schönste, *Tuolumne Meadows,* ist Ausgangspunkt herrlicher Hikes ins Backcountry. Auf dem 3031 m hohen *Tioga Pass* verlässt man den Park durch seinen Osteingang. *Nur Juni bis Okt. geöffnet*

Yosemite Valley

Dieses 11 km lange Tal am Merced River ist Herz und Hauptattraktion des Parks. Es lockt 95 Prozent der Besucher an und ist, auch dank Hotels, Restaurants und Campingplätzen, im Sommer chronisch überfüllt. Highway 140 führt durch die *Arch Rock Entrance Station* ins 20 Minuten entfernte Tal. Dort öffnet sich ein unvergessliches Panorama: Von Gletschern zu einem gewaltigen U ausgehöhlt, ragen glatte Granitwände bis zu 1000 m über dem Tal empor. Ringsum Wasserfälle, Wildblumenwiesen und Kiefernwälder. Ausgeschilderte kurze Trails führen zu den Attraktionen. Die 190 m hohen *Bridal Veil Falls* und die 739 m hohen *Yosemite Falls* sind beliebte Fotomotive. Unübersehbar und ein Mekka für Climber: *El Capitán*, ein monumentaler, 1077 m hoher Block aus Granit. Das Ostende des Tals markiert der *Half Dome*. Der bis auf 3000 m Höhe reichende nackte Monolith ist das Symbol des Parks und auf dem *John Muir Trail* (27 km) auf einer anstrengenden Tageswanderung zu besteigen. Alle Attraktionen auf einen Blick genießt man vom *Wawona Tunnel View Point* aus am Highway 41.

ESSEN & TRINKEN

Ahwahnee Hotel Insider Tipp

Wie ein uneinnehmbares Kastell, das sich harmonisch in die spektakuläre Landschaft einfügt, steht das aus Granitsteinen und Pinienstämmen erbaute Blockhaus eines Silberminenkönigs. Besonders zu empfehlen: Steak, Lamm und Forellen. *Yosemite Village, Tel. 209/372-14 89,* **€€**

Groveland Hotel's Victorian Room Insider Tipp

Stimmungsvolles Restaurant in historischem Gemäuer außerhalb des

Parks. Spezialität: Schweinsmedaillon in Portweinsauce. *18767 Main St., Groveland (via Hwy. 120), Tel. 209/962-40 00, €–€€*. Gut für einen Drink ist der historische *Iron Door Saloon* nebenan.

Hays Street Café
Außerhalb des Parks: Quiches und leichte Pastagerichte, eine Espressomaschine und entspannte Atmosphäre. *21 Hays St., Bridgeport, Tel. 760/932-71 41, €*

ÜBERNACHTEN

Die zentrale Buchungsagentur für die wenigen Unterkünfte im Park ist *DNC Parks & Resorts*. Lange vorab reservieren *(5410 E Home Ave., Fresno, Tel. 559/252-56 35, www.yosemitepark.com)*.

Bridgeport Inn
Früher hielten hier die Postkutschen unterwegs nach Bodie. Einfache Herberge, mit Restaurant und Irish Pub. *8 Zi., Main St., Bridgeport, Tel. 760/932-73 80, www.thebridgeportinn.com, €*

Hotel Charlotte
Einfache, aber gemütliche Zimmer in alter Goldgräberherberge. *12 Zi., 18736 Main St., Groveland, Tel. 209/962-64 55, www.hotelcharlotte.com, €*

Inn at Sugar Pine Ranch
Zwölf gemütliche Cottages und Zimmer in lichtem Kiefernhain. Mit Pool. *21250 Hwy. 120, Groveland, Tel. 209/962-78 23, www.bizware.com/sugarpine/, €€*

AUSKUNFT

Im Yosemite Valley liegt das *Valley Visitor Center (Tel. 209/372-02 00)*. Nahe dem Tioga Pass informiert das *Tuolumne Meadows Visitor Center* über die alpine Vegetation und gibt Wandertipps. *www.nps.gov/yose/*

Der Yosemite National Park ist das bekannteste Naturreservat Kaliforniens

Von Half Moon Bay bis Santa Barbara

Auf Kaliforniens Traumstraße zu grandiosen Aussichten auf den Pazifik

Die 650 km lange Küste zwischen San Francisco und Los Angeles sieht in vielen Abschnitten so aus, als sei sie von Mainstream Amerika vergessen worden. Denn außerhalb der kleinen Orte bietet sie nicht nur einsame Sandstrände und zerklüftete Kliffe, über denen menschenleere Wälder thronen, sondern jede Menge Geschichte – vor allem spanische und mexikanische Kolonialgeschichte. Die Spanier, die von Mexiko aus ab Mitte des 18. Jhs. diesen Landstrich missionierten, haben viele ihrer Bauwerke hinterlassen. Die Natur, besonders zwischen der Monterey Peninsula und Santa Barbara, blieb intakt. Diesen Spielplatz von Ottern, Seehunden und Grauwalen machten Fotografen wie Ansel Adams und Edward Weston berühmt durch ihre eindrucksvollen Bilder.

Central Coast durchfahren Sie am besten, egal ob von Norden oder Süden kommend, auf dem schmalen Highway 1. Er folgt der Küste und führt dabei durch Orte, die für ihren pittoresken Charme bekannt sind: Monterey, Carmel, Big Sur, San Simeon, San Luis Obispo und Santa Barbara.

Hinter jeder Kurve wartet eine neue, überwältigende Küstenlandschaft: Kliffe nahe Big Sur

Shops in spanischem Kolonialstil: der Paseo Nuevo in Santa Barbara

BIG SUR

[122 A3] Nördlich von San Simeon windet sich der Highway 1 rund 115 km lang auf und ab durch die mächtigen Kliffe. In den 1920er-Jahren wurde die Straße von Strafgefangenen gebaut. Oft hängt Nebel unmittelbar vor oder über der Küste, der den Eindruck wilder Romantik noch verstärkt. Viele berühmte Aussteiger, darunter der Schriftsteller Henry Miller, haben die Abgeschiedenheit dieser Küste gesucht, die meisten in der Nähe des Ortes Big Sur (1000 Ew.). Heute gehören hier die Baugrundstücke

Einer der berühmtesten Golfplätze ist Pebble Beach Golf am 17-Mile-Drive

zu den teuersten von Kalifornien. In kleinen Orten und State Parks hat man Zugang zum Strand. Von Nord nach Süd sind das: der landschaftlich reizvoll gelegene *Pfeiffer Beach* (*im Pfeiffer Big Sur State Park, Anfahrt schlecht für große Wohnmobile*), *Nepenthe*, *Julia Pfeiffer Burns State Park* und *Jade Cove*.

Insider Tipp

ESSEN & TRINKEN

Nepenthe

Burgers und Sandwiches auf einem 250-m-Kliff mit Blick auf den Ozean. *Hwy. 1, Nepenthe, Tel. 831/667-23 45, €–€€*

ÜBERNACHTEN

Ventana Inn & Spa

Ein romantisches Luxushotel mit zwei Swimmingpools. Restaurant mit tollem Blick aufs Meer. *62 Zi., Hwy. 1, Big Sur, Tel. 831/667-23 31, www.ventanainn.com, €€€*

MONTEREY PENINSULA

[122 A3] Am Südende dieser zypressenbestandenen Halbinsel liegt der Landstrich, den Robert L. Stevenson als »das schönste Aufeinandertreffen von Land und See auf dieser Erde« bezeichnet hat: *Point Lobos State Reserve*, ein Paradies für Wanderer und Taucher. Der Pazifik bietet an diesem Abschnitt eine Unterwasserfauna, die zu den vielfältigsten der Welt gehört.

SEHENSWERTES

Carmel

★ Das 4000-Seelen-Städtchen, einst als Künstlerkolonie gegründet, hat sich mit seiner herrlichen, sanft geschwungenen Strandbucht, mit witzigen Boutiquen und guten Restaurants heute zum Touristenmagnet gemausert.

Monterey

Der Hauptort (32 000 Ew.) der Region war eine der frühesten Siedlungen der Spanier, die hier 1602 ankerten. Monterey war Hauptstadt des spanisch-mexikanischen Staates Alta California, der sich 1846 den USA anschloss. Der *Path of History*, eine orangefarbene Linie auf dem Straßenpflaster, führt zu den 37 historisch bedeutsamsten Gebäuden der Stadt. *Fisherman's Wharf*, einst Anlaufpunkt von Schonern, die um Kap Horn segelten, ist heute voller Restaurants. *Cannery Row*, wo sich bis zum Ende des Zweiten Weltkrieges die größte Sardinenkonservenfabrikation der Welt befand, kam im gleichnamigen Roman des Nobelpreisträgers John Steinbeck zu Ehren.

An der Cannery Row liegt auch das ★ *Monterey Bay Aquarium*, ein Aquarium der Extraklasse: Thunfische, Haie und 700 weitere Fischarten. Spektakulär: der Wald aus Seetang auf drei Stockwerken, die Seeotter und die Quallen *(tgl. 10 bis 18, im Sommer ab 9.30 Uhr, Eintritt 20 $, 886 Cannery Row).*

Salinas

Hier wurde John Steinbeck, der Chronist der Weltwirtschaftskrise (»Früchte des Zorns«, »Jenseits von Eden«), geboren. Sein Leben und seine Zeit werden im *National Steinbeck Center* eindrucksvoll dokumentiert *(tgl. 10–17 Uhr, Eintritt 11 $, 1 Main St.).* Insider Tipp

17-Mile-Drive

Wer sehen will, wie die High Society in Kalifornien lebt, ist auf dieser Mautstraße ($ 8,25 pro Fahrzeug) richtig: die Panoramastrecke schlängelt sich vorüber an eleganten Villen und weltweit berühmten Golfplätzen – darunter Pebble Beach – von Carmel nach Monterey.

ESSEN & TRINKEN

Katy's Place

Das netteste Frühstückslokal weit und breit. *Mission St./6th St., Carmel, Tel. 831/624-01 99, €*

Montrio

Frische, lokale Zutaten, tolle Präsentationen und gute Weinkarte.

MARCO POLO Highlights »Zentrale Küste«

★ **Hearst Castle**
Eklektizismus der Superlative in San Simeon (Seite 64)

★ **Madonna Inn**
Kitsch as Kitsch can in San Luis Obispo (Seite 64)

★ **Monterey Bay Aquarium**
Bunte Unterwasserwelt (Seite 61)

★ **Carmel**
Einst Künstlerkolonie, heute ein hübsches Strandstädtchen (Seite 60)

★ **Santa Barbara**
Junge Szene, heitere Atmosphäre, feinsandige Strände – so ist Kalifornien (Seite 64)

414 Calle Principal, Monterey, Tel. 831/648-88 80, €€€

EINKAUFEN

American Tin Cannery Outlets
Reizvolle Angebote für Kinder, u. a. bei *Windborne Kites, Big Dog Sportswear* und *OshKosh B'Gosh. So–Do 10–18, Fr/Sa 10–20 Uhr, 125 Ocean View Blvd., Hwy. 1, Pacific Grove Exit, Monterey, Tel. 831/372-14 42*

ÜBERNACHTEN

Cobblestone Inn
Antiquitäten und offener Kamin in jedem der 24 Zimmer. *Junipero St., zw. 7th und 8th Ave., Carmel, Tel. 831/625-52 22, www.cobblestoneinncarmel.com,* €€–€€€

Homestead Inn
Einfaches Haus mit zwölf Zimmern und nettem Garten. *Lincoln und 8th Ave., Carmel, Tel. 831/624-41 19, Fax 624-76 88,* €

FREIZEIT & SPORT

Golf
Mehr als ein Dutzend Golfplätze liegen auf der Monterey Peninsula. Die meisten Anlagen befinden sich in Privatbesitz. Der hohen Nachfrage wegen liegen viele Green Fees über 150 $. Hotels und Inns sind bei der Reservierung von Abschlagzeiten behilflich. Einer der wenigen öffentlichen Plätze: *Laguna Seca Ranch Golf Club (ab 49 $, Monterey, Tel. 831/373-37 01).*

Kajak
Ein idealer Weg, um Ottern, Seelöwen und Delphinen näher zu kommen, z.B. mit *Monterey Bay Kayaks (693 Del Monte Ave., Monterey, Tel. 800/649-53 57).*

Wale beobachten
Grauwale können Sie von Dezember bis März beobachten, Blau- und Buckelwale lassen sich im Sommer sehen. Viele Veranstalter sind an der Fisherman's Wharf zu finden, so *Monterey Whale Watching (Monterey, Tel. 800/200-22 03, www.montereywhalewatching.com)*

AUSKUNFT

Monterey Peninsula Visitor and Convention Bureau
Custom House Place, Monterey, Tel. 831/649-17 70, www.montereyinfo.org

OXNARD/ VENTURA

[123 D6] In Oxnard (170 000 Ew.) nördlich von L. A. surfen die *beach boys.* Der Strand *Hollywood by the Sea* diente während der Stummfilmzeit als täuschend echte Saharakulisse. Vor Ventura (93 000 Ew.) liegt der *Channel Islands National Park* mit fünf Inseln, auf denen Tiere zu Lande wie zu Wasser ungestört leben können. Von *Anacapa Island* aus *(via Island Packers Ferry, Ventura, Tel. 805/642-13 93)* können Sie im Winter Wale vorbeiziehen sehen. Seelöwen und Seehunde aalen sich auf den Felsen.

Das Ostende von *Anacapa Island* und *Santa Cruz Island* eignet sich gut zum Schwimmen und Tauchen. Es gibt eine reizvolle Alternative, um zu den Channel Islands

Insider Tipp mit ihren einsamen Grotten und Kliffs überzusetzen – eine Paddeltour mit Seekajaks *(Southwind Kayak Center, 17855 Skypark Circle, Irvine, Tel. 949/261-02 00, www.southwindkayaks.com).*

Insider Tipp 22 km landeinwärts liegt in den Bergen das Städtchen *Ojai*, eine Ansammlung alter Gebäude um die Plaza herum, mit Shops, Galerien und Restaurants. Der angrenzende *Los Padres National Forest* bietet sich im Sommer wegen der Höhenlage als kühles Wandergebiet an. Das Wasser schwefelhaltiger, heißer Quellen wird in kleineren Badeanstalten aufgefangen. Masseure kneten nach einem Bad in den *hot tubs* die verspannten Muskeln.

EINKAUFEN

Camarillo Premium Outlets
Gute Auswahl an Schuhen und Lederwaren, dazu Timberland, Nike und Calvin Klein. *Mo–Sa 10–21, So 10–18 Uhr, Hwy. 101, Los Posas Exit, Camarillo, Tel. 805/445-85 20*

ÜBERNACHTEN

Ojai Valley Inn and Spa
Ein Haus in spanischem Stil aus dem Jahr 1923, mit eigenem Golfplatz. *209 Zi., 905 Country Club Road, Ojai, Tel. 805/646-55 11, www.ojairesort.com,* €€€

AUSKUNFT

Channel Islands National Park Information Center
Arrangiert naturkundliche Führungen. *1901 Spinnaker Drive, Ventura, Tel. 805/658-57 30*

Ojai Valley Chamber of Commerce
150 W Ojai Ave., Ojai, Tel. 805/646-81 26, www.ojaichamber.org

SAN LUIS OBISPO

[122 C4] Im Herzen der Stadt San Luis Obispo (44 000 Ew.) liegt die spanische *Mission San Luis Obispo de Tolosa*, die Gründung eines spa-

Der einsame Vulkanfelsen Morro Rock 20 km nördlich von San Luis Obispo

nischen Padre der Franziskaner aus dem Jahr 1772. In den sanften Hügeln um *Paso Robles* haben viele Hollywoodreiche ihre Zweitvillen. 20 km nördlich von San Luis Obispo gelangen Sie von La Canada de Los Osos aus nach *Montana de Oro*, einem der schönsten State Parks von Kalifornien – ein Paradies für Wanderer, Schwimmer und Camper. Nördlich von Los Osos liegt *Morro Rock*, ein gigantischer Vulkanfelsen, der den spanischen Entdeckern als Orientierung diente und Schutzgebiet für Falken ist. Auf der gegenüberliegenden Seite der Bucht, inmitten weißer Sanddünen, beschreibt der *Morro Bay State Park* mit dem *Museum of Natural History* die Geschichte dieser Landschaft.

ÜBERNACHTEN

Madonna Inn

★ Jedes der 108 Zimmer ist anders gestaltet, eines zum Beispiel ganz aus Stein, mit einem Wasserfall als Dusche, und eines für Honeymooners. Ein Blick lohnt sich immer, auch ins Restaurant. *100 Madonna Road, San Luis Obispo, Tel. 805/543-30 00, www.madonnainn.com,* €€–€€€

AUSKUNFT

San Luis Obispo County Visitors Bureau

811 El Capitan Way, Suite 200, San Luis Obispo, Tel. 805/541-80 00, www.sanluisobispocounty.com

ZIEL IN DER UMGEBUNG

Hearst Castle **[122 B4]**

★ Nördlich von San Luis Obispo rücken die Berge näher an die Küste heran. Bei San Simeon, etwa nach 70 km Fahrt, sind schon von weitem die vergoldeten Türmchen und roten Ziegeldächer des *Hearst Castle* zu sehen. 1 Mio. Besucher jährlich verzeichnet dieses Schloss, das sich der Zeitungsbaron William Randolph Hearst mit vielen Anleihen aus europäischen Stilrichtungen bauen ließ. 3 Mio. $ und 30 Jahre Bauzeit – von 1917 bis 1947 – kostete die Phantasiewelt den Verleger, dessen Leben Orson Welles zu dem Filmklassiker »Citizen Kane« inspirierte.

Die 100 Räume im *Casa Grande* und die zahlreichen Gästehäuser, in die Hearst »ganz Hollywood« und berühmte Politiker einlud, geben einen Eindruck vom Luxusleben jener Zeit. Ticketreservierung für Führungen empfohlen. *Eintritt 14 $, Tel. 800/444-44 45, www.hearstcastle.org*

SANTA BARBARA

[123 D6] ★ Diese Stadt (92 000 Ew.) wurde 1602 von Sebastian Vizcaino benannt. Wenig später entstand mit der *Mission Santa Barbara* in den Eukalyptushainen oberhalb des Ortes eine der schönsten spanischen Missionen in Kalifornien *(tgl. 9–17 Uhr, Upper Laguna St.)*. Heute können Besucher auf einer *Red Tile Tour* viele der Gebäude aus der spanischen Epoche, traditionell mit den runden, roten Adobeziegeln gedeckt, bewundern *(Start am County Courthouse, Anacapa St.)*.

Am Ende der State Street liegt direkt am Meer *Stearns Wharf* mit einigen Shops und Restaurants. Westlich und östlich der Stadt erstrecken sich rund 50 km schönster Sandstrand – Ausgangspunkt fürs Surfen, Schwimmen, Tauchen und Segeln. Jeden Sonntag findet im Palm Park die *Santa Barbara Arts and Crafts Show* statt, bei der Künstler aus der Umgebung ihre Werke verkaufen.

Insider Tipp

ESSEN & TRINKEN

Endless Summer
Gute Drinks zu frischem Fisch und Steaks vom Grill. Gratis dazu gibts einen schönen Blick über den Yachthafen. *113 Harbor Way, Tel. 805/564-12 00,* €€–€€€

Nu
Kreative kalifornische Küche mit Anleihen aus der Toskana. *1129 State St., Tel. 805/965-15 00,* €€

EINKAUFEN

Mehr als 30 Shops und Galerien findet man im *El Paseo*, in dem schon in den Tagen der spanischen Besetzer Handel getrieben wurde *(Canyon Perdido St. zwischen State und Anacapa St.)*.

ÜBERNACHTEN

Brisas del Mar
Altspanischer Stil, aber ganz modern renoviert und nahe zum Strand. *31 Zi., 223 Castillo St., Tel. 805/966-22 19,* €€

Four Seasons Biltmore
Ein altes Grandhotel, gründlich renoviert, mit tropischem Garten. Tennis, Pools, Putting Green. *236 Zi., 1260 Channel Drive, Tel. 805/969-22 61, www.fourseasons.com/santabarbara/,* €€€

AUSKUNFT

Santa Barbara Visitors Center
1 Garden St., Tel. 805/965-30 21, www.santabarbaraca.com

SANTA YNEZ VALLEY

[122 C5] Nördlich von Santa Barbara liegt diese liebliche Landschaft aus Hügeln mit Eukalyptus- und Kiefernwäldern. Im Santa Ynez Valley züchtet man erfolgreich Vollblüter. *Solvang* präsentiert sich als dänische Folkloresiedlung mit Fachwerkhäusern und dänischen Bäckereien. In der Gegend von *Los Olivos* haben sich Weingüter angesiedelt. Weinprobe: im *Andrew Murray Tasting Room (April–Okt. tgl. 11–18 Uhr, 6701 Foxen Canyon, Tel. 805/686-96 04).*

ESSEN & TRINKEN

Mattei's Tavern
Insider Tipp
Bistro in ehemaliger Pferdekutschenstation aus dem Jahr 1886. *Hwy. 154, Los Olivos, Tel. 805/688-48 20,* €–€€

ÜBERNACHTEN

Fess Parker Wine Country Inn
Alle 21 Zimmer unterschiedlich dekoriert, mit Kamin und Federbett. *2860 Grand Ave., Los Olivos, Tel. 805/688-77 88, www.fessparker.com,* €€€

AUSKUNFT

Solvang Visitors Bureau
1511 Mission Drive, Solvang, Tel. 805/688-61 44, www.solvang.usa.com

Library Tower

Ganz entspannt in Smog und Stau

Wuchernde Metropole mit ungebrochener Anziehungskraft

Karte auf Seite 126/127

Wer zum ersten Mal nach Los Angeles **[124 B4]** kommt, ist verwirrt. Wohngebiete wie Beverly Hills sind hier selbstständige Städte. Vitale Zentren wie Westwood jedoch sind nur unbedeutende Stadtteile. Los Angeles ist eben keine Metropole im herkömmlichen Sinn, sondern ein Sammelsurium von Distrikten und Gebieten mit gut 10 Mio. Einwohner auf rund 10 000 km^2.

Wer hier lebt, um die kalifornische Sonne und einen entspannten, großstädtischen Lebensstil zu genießen, hat sich daran gewöhnt, großräumig zu denken. Dass Wohnung, Schule, Freunde oder Arbeitsplatz gut und gern eine Stunde mit dem Auto voneinander entfernt liegen – für Angelenos kein Problem. Autofahren, möglichst im schicken Cabrio, ist hier Kultur.

Wer sich ein wenig mit dem Gebilde L. A. beschäftigt, stellt fest: Dieser vitale Gegenpol zu New York, mittlerweile auch dank fabelhafter neuer Museen das Kulturzentrum der Westküste, verfügt durchaus über Kristallisationspunkte. Die wohlhabenden Orte entlang der 65 km langen Küste mit klingenden Namen wie Malibu, Pacific Palisades, Santa Monica, Venice Beach und Marina del Rey zum Beispiel gehören dazu. Aber auch die aus Angst vor Erdbeben erst sehr spät mit Wolkenkratzern bebaute Downtown, wo sich die City Hall, Banken, Versicherungspaläste und wichtige Museen befinden. Oder die palmenbekränzten und mit Luxusautos gesäumten Villenviertel der Reichen und der Stars von Film und Fernsehen in Beverly Hills und den Hügeln von Hollywood. Nicht zu vergessen die Slums in East und South Central Los Angeles mit Rassenunruhen und den Kriegen schießwütiger jugendlicher Gangs.

Kristallisationspunkte sind auch die Freeways, acht- bis zehnspurige Autobahnen, auf denen der Angeleno auf dem Weg vom und zum Arbeitsplatz durchschnittlich vier Stunden des Tages im Stau verbringt. Allmählich droht der Verkehrsinfarkt. Der berüchtigte Smog ist zwar dank bleifreiem Benzin in den letzten Jahren besser geworden. Doch an heißen Sommertagen ohne Wind vom Meer schwebt noch immer eine ungesunde Dunst-

Zentrum der Geschäftswelt: Wolkenkratzer in Downtown

Die berühmteste Straße Hollywoods: der Sunset Boulevard bei Nacht

glocke, eingeklemmt von den San Gabriel und Santa Ana Mountains, über der gesamten Fläche des Beckens namens Los Angeles. Wer L. A. besucht, kann jedoch bei allem guten Willen, etwas für den Umweltschutz zu tun, auf ein Auto nicht verzichten. Dazu sind die Entfernungen zu groß. Wichtig: gründlich die Karte studieren, bevor Sie losfahren. In der *rush hour* sollten Sie sich aber auf gar keinen Fall ins Auto setzen. Wer verschwendet schon gern absichtlich im Stau seine Zeit?

Die Welthauptstadt des Kinos und Fernsehens mit ihren riesigen, übers Stadtgebiet verstreuten Aufnahmestudios produziert für den Tourismus jede Menge Nostalgie und noch mehr Show. Ob bei der Rundfahrt durch die Universal Studios, ob auf dem Hollywood Boulevard mit den in Beton gesetzten Hand- und Fußabdrücken der vielen Zelluloidlieblinge – man pflegt den Mythos. Nicht nur das, auch die hoch in den Hollywood Hills prangenden, 15 m hohen neun Buchstaben »HOLLYWOOD« – Los Angeles' berühmtestes Aushängeschild – werden immer wieder aufpoliert.

Einen interessanten Querschnitt durch die Stadt bietet die Fahrt auf dem Sunset Boulevard. Von Chinatown und den ärmeren Vierteln um die Downtown führt die berühmte Straße westwärts. Zuerst kommen die alte Filmkapitale Hollywood und das junge, flippige West Hollywood, dann folgen das mondäne Beverly Hills und schließlich Bel Air, das Villenviertel der Superreichen, ehe die Straße am Pazifik endet, wo sich in Malibu zahlreich die Filmstars angesiedelt haben.

Ausführlicher informiert Sie der Marco Polo »Los Angeles«.

SEHENSWERTES

Beverly Hills **[126 B–C3]**
Wo so viele Reiche und Berühmte leben – ob Barbra Streisand, Diana Ross, Pamela Anderson oder Jack Nicholson, Warren Beatty, George Clooney und Jay Leno –, sind Stadtpläne mit deren Adressen *(Star Maps)* ein Hit. Die Faltblätter werden von fliegenden Händlern entlang des Sunset Boulevard angeboten. Fahren Sie die interessantesten Adressen ab (zu Fuß gehen ist verpönt und entlarvt einen als Touristen). Zu »entdecken« sind Gartenmauern und gepflegte Hecken, Gärtner und die patrouillierende Polizei von Beverly Hills.

Ganz in der Nähe vom *Rodeo Drive* liegt zwischen Bedford und Rexford Drive, Santa Monica und Wilshire Boulevard das ★ »Goldene Dreieck«. Hier finden Sie die teuersten Geschäfte der Welt und an die 130 Restaurants, in denen Sie stilvoll pausieren können.

Downtown **[127 E3–4]**
Das Stadtzentrum liegt südlich der Kreuzung zweier Hauptverkehrsadern, dem Hollywood und dem Harbor Freeway. Es ist die einzige Ansammlung an Wolkenkratzern in der weiten Ebene. Einfach und schnell können Sie sich in dem 2 km² großen Areal mit dem Kleinbusservice *Dash* bewegen *(25 Cent)*.

Der *Dash*-Haltepunkt vor den beiden Türmen des *Arco-Gebäudes* an der Ecke Wilshire Boulevard/ Figueroa Street ist der Stopp für das *Visitor and Convention Bureau.* Zwei Blocks weiter nördlich stehen die fünf kupferfarbenen Türme des *Bonaventure Hotel (404 S Figueroa St.)*. Die Bar im 35. Stock dreht sich innerhalb einer Stunde einmal um die eigene Achse und ist ein großartiger Aussichtspunkt.

Neben Banken und Bürotürmen ist Downtown vor allem ein Kulturzentrum. Unbedingt einen Blick verdient am Hügel des *Music Center*, direkt neben der Oper, die 2003

MARCO POLO Highlights »Los Angeles«

★ **Goldene Dreieck**
Luxusshops und feine Restaurants nahe dem Rodeo Drive (Seite 69)

★ **Mann's Chinese Theater**
Stars und Sternchen auf dem Hollywood Boulevard verewigt (Seite 70)

★ **Venice Beach**
Bonbonbuntes Epizentrum der kalifornischen Strandkultur (Seite 71)

★ **Universal Studios Hollywood**
Rundfahrt durch die Kulissen der Kinowelt (Seite 71)

★ **Getty Center**
Spektakulärer Kunstgenuss in ultramoderner Architektur (Seite 72)

★ **Einkauf auf der Melrose Avenue**
Tonangebend, modisch, ausgefallen (Seite 74)

eröffnete, vom Stararchitekten Frank Gehry in dessen typischen fließenden Formen entworfene Insider Tipp *Walt Disney Concert Hall (Ecke 1st./Flower St.).*

Union Station, der Bahnhof von Los Angeles *(800 N Alameda St.),* lohnt einen Abstecher wegen der Gestaltung seiner Wartehalle im maurischen Stil – eine häufig gesehene Kulisse in Hollywoodfilmen. Von hier aus fährt der *Coast Starlight* nach Oakland und San Francisco.

Die *City Hall (200 N Spring St.)* war bis 1960 das höchste Gebäude der Stadt. Wegen der Erdbebenauflagen baute man früher nicht höher. Insider Tipp Der *Grand Central Market (317 S Broadway)* ist mit seiner vorwiegend Spanisch sprechenden Kundschaft der lebhafteste Markt der Stadt. Das ehrwürdige *Biltmore Hotel (506 S Grand Ave.)* lädt zu einem Tee in der altspanisch gestylten Lobby ein – hier können Sie noch den Glanz vergangener Zeiten erahnen.

Hollywood Boulevard **[126 C2]**

Hollywood, die ehemals selbstständige Stadt, in der anfänglich alle Filme gedreht wurden, ist heute nur noch ein schlagkräftiger Begriff. Ein Mythos, der von der Filmindustrie am Leben erhalten wird. Was von den Glanztagen der alten Studios noch übrig geblieben ist, finden Sie auf dem Hollywood Boulevard zwischen Vine Street und La Brea Avenue, wo – fast verdeckt von den Souvenir- und T-Shirt-Geschäften – das ★ *Mann's Chinese Theater* steht. Der Innenhof des drachengeschmückten, pagodenartigen Kinos ist der Ort, an dem 1927 Mary Pickford und Douglas Fairbanks als Erste mit der Tradition begannen, die Abdrücke ihrer Hände und Füße im frischen Zement zu hinterlassen. Heute findet man 187 Hollywoodgrößen im Pflaster

Unterm Stern traut verewigt: Wandgemälde am Hollywood Boulevard

verewigt. Abends steigt im Mann's noch manche prestigeträchtige Filmpremiere mit einem Aufgebot an Stars und Paparazzi-Fotografen *(6925 Hollywood Blvd.)*. Weitere Prachtkinos aus den Glanztagen Hollywoods warten gegenüber: etwa das *El Capitan Theatre* oder das *Egyptian Theatre*, in dem einst Ben Hur und My Fair Lady Premiere feierten.

Die meisten Filmberühmtheiten sind jedoch jedes Jahr zur Oscarverleihung nebenan im *Kodak Theater* zu erleben, einem schicken Entertainmentkomplex mit Läden und Restaurants *(Hollywood Blvd./Highland Ave.)*. Ringsum befindet sich auf den Bürgersteigen des Hollywood Boulevard der *Walk of Fame*, rosafarbene Marmorsterne mit den Namen von Prominenten aus dem Showbusiness. Über 2500 Sterne wurden seit 1960 ins Pflaster eingelassen – inzwischen zum Preis von je 10 000 $. Das Geld muss jeder Star als Preis für seinen Ruhm selbst aufbringen.

Santa Monica **[126 A4]**

Der Strandvorort von L. A. hat sich zu einem Zentrum der kreativen Avantgarde entwickelt. An der *Main Street* drängen sich Galerien und neue Restaurants. Und die Fußgängerzone *Third Street Promenade* ist am Nachmittag und Abend eine der beliebtesten Flaniermeilen in ganz L. A.

Der *Santa Monica Pier* am Ende der Colorado Avenue war früher mal voller Buden und Rummelplatzattraktionen. Heute ist das Vergnügen ein bisschen organisierter: Das alte Karussell ist aufgefrischt, und es gibt jede Menge T-Shirts und Souvenirs.

Universal Studios Hollywood **[126 C2]**

★ Einen Blick hinter die Kulissen des Filmemachens bietet die Tour durch die Freiluftstudios und Aufnahmeateliers von Universal, wo Fernsehserien wie »Columbo« und Filme wie »Zurück in die Zukunft« entstanden. Für Unterhaltung sorgen neben der geführten Rundfahrt Stuntshows und Attraktionen wie *Jurassic Park*, *Shrek* oder *Terminator 2*. Dazu lockt ein eigener Shopping- und Nightlifebezirk, der *Universal City Walk. Tgl. 10–18, im Sommer 9–20 Uhr, Eintritt 53 $, Freeway 101/Lankershim Blvd., www.universalstudioshollywood.com*

Venice Beach **[126 A5]**

★ Am Wochenende erwacht der *Boardwalk*, die etwas vergammelte Promenade, die für das kalifornische Fitnessbewusstsein steht, zu neuem Leben. Noch immer treffen sich in Venice Beach Muskelmänner zum Bodybuildingtraining, während auf dem Boardwalk bikinibekleidete Rollerbladerinnen und wohlgebräunte Fahrradfahrer ihre Körper und Künste zur Schau stellen.

MUSEEN

Autry National Center/Museum of the American West **[127 D1]**

Sammelobjekte wie der Sattel von Buffalo Bill und Wildwestkunst. Auf Videoleinwänden werden alte Western gespielt. *Di–So 10–17, Do bis 20 Uhr, Eintritt 7,50 $, 4700 Western Heritage Way*

Getty Center **[126 A3]**

★ Das reichste Museum der Welt, mit einem Stiftungskapital von 2 Mrd. $, residiert in einem

Das spektakuläre Getty Center mit großer Kunst und weitem Blick

ultramodernen Komplex des New Yorker Architekten Richard Meier hoch über Brentwood. Die Reise lohnt sich wegen der prachtvollen Aussicht, des Gebäudes selbst und der spektakulären Sammlung des Ölmagnaten J. Paul Getty: griechische und römische Skulpturen, mittelalterliche Handschriften, alle wichtigen Schulen europäischer Malerei mit Bildern von Rembrandt, August Renoir und Vincent van Gogh sowie moderne Fotografie. Ab Winter 2006 wird die Antikensammlung in der renovierten Getty Villa in Malibu zu sehen sein. *Di bis Do 10–18, Fr/Sa 10–21, So 10 bis 18 Uhr, Eintritt frei, Parkgebühr 7,50 $, 1200 Getty Center Drive, Anfahrt über I-405, www.getty.edu*

Huntington Library, Art Gallery and Botanical Gardens [127 F3]

Die Bibliothek enthält sechs Millionen Bücher und Schriften, darunter eine Gutenbergbibel. Das Museum ist britischer Kunst aus dem 18. und 19. Jh. gewidmet. Und gleich noch ein L. A.-Superlativ: Der 2 km^2 große Botanische Garten bietet eine der größten Kakteenpflanzungen der Welt sowie einen Japanischen Garten. *Di–Fr 12–16.30, Sa/So 10.30–16.30 Uhr, Eintritt 15 $, 1151 Oxford Road, San Marino*

Insid- Tipp

Los Angeles County Museum of Art (LACMA) [126 C3]

Das größte Museum in Los Angeles ist in den letzten Jahren durch Anbauten und großzügige Schenkungen ständig weiter gewachsen. Schwerpunkte der Sammlung ist die Kunst des 20. Jhs. Außerdem sehenswert: die größte Kollektion indischer, tibetanischer und nepalesischer Kunst in der westlichen Welt sowie eine japanische Sammlung in einem kühn gestalteten, separaten Gebäude. *Mo, Di, Do 12 bis 20, Fr 12–21, Sa/So 11–20 Uhr, Eintritt 9 $, 5905 Wilshire Blvd., www.lacma.org*

Museum of Contemporary Art (MOCA) [127 E3]

In der Aufsehen erregenden Konstruktion des japanischen Meisterarchitekten Arata Isozaki – »einem kleinen Dorf in einem Tal der Wolkenkratzer« – finden wechselnde Ausstellungen zeitgenössischer Kunst und Live-Performances statt. Die ständige Sammlung beinhaltet abstrakten Expressionismus und Pop-Art. *Mo 11–17, Do 11–20, Fr 11 bis 17, Sa/So 11–18 Uhr, Eintritt 8 $, 250 S Grand Ave.*

Die amerikanische Avantgarde präsentiert sich unweit im *Geffen Contemporary at MOCA. 152 N Central Ave., Öffnungszeiten und Eintritt wie MOCA*

Norton Simon Museum **[127 F1]**
Die erstklassige Privatsammlung des kalifornischen Multimillionärs Norton Simon umfasst neben berühmten Werken von Raffael, Peter Paul Rubens, Francisco Goya, Rembrandt, Giacometti und Paul Klee auch französische Impressionisten und einen von Frank Gehry gestalteten Skulpturengarten. *Mi–Mo 12–18, Fr 12–21 Uhr, Eintritt 8 $, 411 W Colorado Blvd., Pasadena*

Santa Monica Museum of Art **[126 A4]**
Avantgardekunst, Möbel und Objekte zeitgenössischer kalifornischer Künstler. Das Museum ist in das Insider Tipp *Bergamot Station Arts Center* umgezogen, in dem auch zwei Dutzend Galerien (darunter die von *Craig Krull* und die *Gallery of Functional Art* mit Möbeln, Schmuck etc.) und das *Gallery Café* zu finden sind. *Di–Sa 11–18 Uhr, Eintritt 3 $ erwünscht, Bergamot Station, 2525 Michigan Ave., www.smmoa.org*

ESSEN & TRINKEN

Border Grill **[126 A4]**
Ein lebhaftes mexikanisches Restaurant. Passend zu den ausgelassenen Wandmalereien ist die feurige mexikanische Küche. Außerdem ist die Bar ein sehr beliebter In-Treff mit guten Margaritas. *1445 4th St. (Broadway), Santa Monica, Tel. 310/451-16 55, €–€€*

Café Del Rey **[126 B5]**
Bekömmliche, leichte California Cuisine mit Mittelmeerakzenten. Viel frischer Fisch und Gratisblick auf den Yachthafen. Singles-Treffpunkt mit starken Drinks. *4451 Admiralty Way, Marina Del Rey, Tel. 310/823- 63 95, €€*

Campanile **[126 C3]**
Charlie Chaplins ehemaliges Filmstudio wurde zu einem Innenhof mit Balkonen umgewandelt. Gut zum Frühstücken (das selbst gebackene Brot ist köstlich), Mittelmeerküche. *624 S La Brea Ave. (Wilshire Blvd.), Tel. 323/938-14 47, €€€*

Chinois on Main **[126 A4]**
Chinesisch inspirierte Küche mit teuren, aber sehr guten Fischgerichten, z. B. Shanghai-Lobster-Risotto. *2709 Main St., Santa Monica, Tel. 310/392-30 38, €€€*

Ciudad **[127 E3]**
Kulinarische Rundreise durch Lateinamerika, passend zu einem anregenden *Mojito* mitten in Downtown. *445 S Figueroa St. (5th St.), Tel. 213/486-51 71, €€*

Geoffrey's/Malibu **[O]**
Liegt auf einem Kliff an der Pazifikküste. Beliebtes Ausflugsziel zum Brunch oder Lunch. *27400 Pacific Coast Hwy. (nördlich von Malibu Canyon), Malibu, Tel. 310/457-15 19, €€*

Mel's Drive-In **[126 C2]**
Ein amerikanischer Coffeeshop wie aus dem Film – und viele Stars wa-

ren auch schon hier. Zur Einstimmung gibts eine Website: *www.melsdrive-in.com. 8585 Sunset Blvd., West Hollywood, Tel. 310/854-72 00, €*

Musso & Frank Grill **[126 C2]**
Ein Klassiker: Hollywoods ältestes Restaurant. Vor allem gute Grillgerichte und Salate. Hier aß und trank schon Ernest Hemingway. *6667 Hollywood Blvd. (Cherokee St.), Hollywood, Tel. 323/467-77 88, €€*

Pinot Hollywood **[126 C2]**
Joachim Splichal aus Freiburg kocht hinreißend kalifornisch. Dazu: Martinibar, wo es auch vorzügliche Vorspeisen gibt. *1448 N Gower St. (Sunset Blvd.), Hollywood, Tel. 323/461-88 00, €€*

La Serenata Gourmet **[126 B3]**
Mexikaner mit ausgezeichneten Shrimpsgerichten. *10924 W Pico Blvd. (Westwood Blvd.), West Los Angeles, Tel. 310/441-96 67, €–€€*

Westwood Brewing Co. **[126 B3]** Inside Tipp
Beliebt bei Studenten: Braukneipe mit großer Bar und Innenhof. *1097 Glendon Ave., Tel. 310/209-27 39, €–€€*

EINKAUFEN

Für witzige Mitbringsel und Shoppingideen lohnt der ★ Einkauf auf der *Melrose Avenue* **[126 C3]** in West Hollywood (zwischen Fairfax und La Brea Avenue). Ein ausgefallenes Geschäft reiht sich ans andere. Die Architektur: niedrige restaurierte Häuser aus den 1920er-Jahren, oft ergänzt um auffällige Fassaden. Die Boutiquen: Mit ihrem europäisch beeinflussten Retro-Look geben sie modisch für ganz Amerika den Ton an. Sandwichshops und Cappuccinobars laden zum Verweilen ein. Viele Läden öffnen um 11 Uhr, schließen aber erst um 20 Uhr.

Gute Einkaufsmöglichkeiten findet man auch am Sunset Strip **[126 C2]**, und zwar am *8600er-Block* des *Sunset Blvd.*, an der *Mon-*

Kulissenstadt L. A.

Schauplätze des Films

Bei der Fahrt durch Los Angeles beschleicht Sie vielleicht oftmals ein seltsames Gefühl: Das kenne ich doch? Kein Wunder, denn die Hollywoodproduzenten finden natürlich die einfachsten Drehorte direkt vor ihrer Haustür – gutes Wetter inklusive. Die Strände von Santa Monica, die Straßen von Westwood und Beverly Hills – alle waren sie schon Kulissen für Krimis und Seifenopern. Im Regent Beverly Wilshire Hotel verliebte sich Richard Gere in *Pretty Woman*, am Pier in Santa Monica spielte Paul Newman in *Der Clou*, über den markanten Turm der City Hall flog *Superman*. Augen auf also, wenn Sie bei der Fahrt durch L. A. irgendwo große LKW, Anhänger und Scheinwerfer sehen: Hier wird gefilmt!

tana Ave. (Hausnummern 900 bis 1400) und der *Main St.* **[126 A4]** in Santa Monica mit einem Kaufhaus des Freizeitkleidungherstellers Patagonia *(2936 Main St)*.

Auf dem *Farmer's Market (6333 W 3rd St./Fairfax Ave.,* **[126 C3]**) werden neben Gemüse im angeschlossenen Nobelshoppingkomplex *The Grove* auch Designerklamotten feilgeboten. Dazu Restaurants und Imbisse, in denen sich auch die Stars des benachbarten Fernsehstudios CBS blicken lassen. Weitere Einkaufspaläste: das *Beverly Center (Beverly und La Cienega Blvd.,* **[126 C3]**) mit Restaurants wie dem *Hard Rock Café* mit einem knallgrünen Cadillac auf dem Dach und die *Santa Monica Place Mall (315 Broadway, Santa Monica,* **[126 A4]**).

Szeneladen auf der Melrose Avenue

ÜBERNACHTEN

Vergessen Sie nicht: Los Angeles ist halb so groß wie das Ruhrgebiet. Je näher Sie Ihre Übernachtungsmöglichkeit am Zentrum der geplanten Aktivitäten wählen, desto besser. Gute Preise bietet *Hotel Locators (Tel. 800/423-78 46, www.hotellocators.com)*.

Beverly Laurel Motor Hotel **[126 C3]**
52 Zimmer im Motelstil in bester Lage am Rand von Beverly Hills. *8018 Beverly Blvd. (Fairfax Ave.), Tel. 323/651-24 41, Fax 651-52 25,* €

Carlyle Inn **[126 B3]**
Einfaches, aber witzig gestyltes Haus. *32 Zi., 1119 S Robertson Blvd., Tel. 310/275-44 45, www.carlyle-inn.com,* €€

Channel Road Inn **[126 A4]**
Beliebtes B & B im Santa Monica Canyon. Einige der 14 Zimmer haben einen sehr schönen Ausblick aufs Meer. *219 West Channel Rd., Santa Monica, Tel. 310/459-19 20, www.channelroadinn.com,* €€€

Hilgard House **[126 B3]**
Gemütliches Hotel mit 55 Zimmern. *927 Hilgard Ave., Westwood, Tel. 310/208-39 45, www.hilgardhouse.com,* €€

Inn at Venice Beach **[126 A5]**
43 kleine, einfache Zimmer, nur zwei Blocks vom Beach. *327 Washington Blvd. (Dell St.), Venice, Tel. 310/821-25 57, www.innatvenicebeach.com,* € – €€

Sport in jeder Form ist der liebste Zeitvertreib der Kalifornier

Mondrian **[126 C2]**
Die coolste Trendherberge in West Hollywood – ein Werk des französischen Architekten Philippe Starck. Lobby, Pool und die *Sky Bar* (unbedingt reservieren) sind Treffpunkte der Stars. Im Haus das Restaurant *Asia de Cuba. 238 Suiten, 8440 Sunset Blvd. (Olive St.), West Hollywood, Tel. 323/650-89 99, www.mondrianhotel. com,* €€€

Sea Shore Motel **[126 A4]**
Nettes Motel, mittendrin im Trubel von Venice und in Laufweite zum Strand. *20 Zi., 2637 Main St., Santa Monica, Tel. 310/392-27 87, www.seashoremotel.com,* €

The Standard **[126 C2]**
Szenehotel mit Minimalkomfort, aber viel Stil, zu akzeptablen Preisen. *140 Zi., 8300 W Sunset Blvd. (Sweetzer St.), Tel. 323/650-90 90, www.standardhotel.com,* €€

FREIZEIT & SPORT

Gold's Gym **[126 A4]**
Das berühmteste Bodybuildingstudio der USA. *360 Hampton Drive, Venice, Tel. 310/392-60 04, www.goldsgym.com*

Strände
Santa Monica Beach mit großartigem Panorama ist der Strand, den Sie am schnellsten vom Stadtzentrum aus erreichen können. Nach Norden schließen sich die auch bei Surfern beliebten Strände *Surfrider Beach, Malibu Lagoon State Beach, Point Dume State Beach, Zuma Beach County Park* und *Leo Carillo State Beach* an. Nach Süden liegen *Venice Municipal, Playa del Rey, Manhattan State Beach* und *Redondo State Beach. Manhattan Beach* ist Zentrum der Beachvolleyballspieler, die hier in prämienträchtigen Turnieren kämpfen.

AM ABEND

Ausführliche Veranstaltungshinweise finden Sie in der Tageszeitung *Los Angeles Times* sowie in der kostenlosen Wochenzeitung *LA Weekly.*

The House of Blues **[126 C2]**
Club und Restaurant mit Bluesgrößen. Livemusik oft bis 2 Uhr nachts. Sonntags Gospel-Brunch. *8430 Sunset Blvd. (Olive St.), Hollywood, Tel. 213/848-51 00*

Roxy on Sunset **[126 C2]**
Livebühne mit sehr guten, täglich wechselnden Bands jeder Stilrichtung. *9009 W Sunset Blvd., West Hollywood, Tel. 310/278-94 57, www.theroxyonsunset.com*

Viper Room **[126 C2]**
Live-Performances und Bar; der bekannte Club gehört Johnny Depp. Bekannt auch, weil River Phoenix hier tot zusammenbrach. Viele Berühmtheiten, Fotografieren ist aber verboten! *8852 Sunset Blvd., West Hollywood, Tel. 310/358-18 81*

Zanzibar **[126 A4]**
Je nach DJ im Dienst Hiphop, Funky Sounds und Reggae in buntem Wechsel täglich von 22 bis 2 Uhr. *1301 5th St., Santa Monica, Tel. 310/451-22 21*

TOUREN

LA Tours and Sightseeing
Zweistündige *Movie Star Homes Tour* zu den Häusern der Stars in Bel Air und Beverly Hills und andere Touren. *Abholung vom Hotel, Tel. 323/460-64 90, www.latours.net*

AUSKUNFT

Beverly Hills Visitors Bureau **[126 B3]**
239 S Beverly Drive, Tel. 310/248-10 15, www.beverlyhillscvb.com

LA Inc. Convention and Visitors Bureau **[127 E3]**
685 S Figueroa St., Tel. 213/689-88 22, www.visitlanow.com, Infocenter in Hollywood: 6801 Hollywood Blvd.

Santa Monica Visitor Information Center **[126 A4]**
Palisades Park, 1400 Ocean Ave., Tel. 310/393-75 93, www.santamonica.com

ZIELE IN DER UMGEBUNG

Pasadena **[124 B4]**
15 km nordöstlich von L. A. liegt Pasadena (158 000 Ew.), deren Altstadt um die Colorado Avenue zum Treffpunkt geworden ist. Hot Spots sind Restaurants wie *Twin Palms (101 W Green St., Tel. 626/577-25 67, €€)*. An der *Holly Street* (zwischen Fair Oaks und Los Robles Ave.) sind zahlreiche Trödelläden amgesiedelt. An jedem zweiten Sonntag im Monat findet der *Rose Bowl Flea Market* im Footballstadion statt. Tipp: ganz früh morgens hingehen!

Santa Catalina Island **[124 B5]**
Die Insel (4000 Ew., 30 km von L. A.) mit in der Woche leeren Stränden ist per Fähre von Long Beach und San Pedro zu erreichen. Von Kaugummikönig William Wrigley stammt das Casino in der Inselhauptstadt *Avalon*, seine Villa ist heute Luxushotel.

Strände, Wüste, leichtes Leben

Im sonnigen Süden des Golden State werden die Mythen vom sorglosen Sein tatsächlich gelebt

Popcornverkäufer in Sea World

Bei einer Reise entlang der Westküste macht Badeurlaub erst südlich von Los Angeles richtig Spaß. Hier ist das Wasser des Pazifiks warm genug und tobt jenes bunte Strandleben mit Surfern und Beachvolleyball, das in unzähligen Filmen verherrlicht wurde. Doch Südkalifornien ist groß und wartet mit vielen Kontrasten auf. Seine zivilisierte Seite erleben Sie entlang der gut 150 km langen Küste, deren Bevölkerung in den letzten Jahrzehnten geradezu explodierte: Von L. A. bis zur mexikanischen Grenze reiht sich Haus an Haus und Einkaufszentrum an Einkaufszentrum. Aufgelockert durch die künstliche Kurzweil der Vergnügungsparks, aufgewertet durch Museen für zeitgenössische Kunst, durchschnitten von schnurgeraden Straßen und gespickt mit schönen Stränden, lässt dieser Landstrich nur wenig von seiner Geschichte erkennen. Dabei landete 20 km nördlich von San Diego 1542 mit dem Portugiesen Juan Rodriguez Cabrillo der erste Europäer in Kalifornien.

Das trockene, warme Klima und der legere Lebensstil waren und sind die Hauptattraktionen für die vielen Zuwanderer. Besucher mit Kindern lieben vor allem die Freizeitangebote, weil das Gebiet von Disneyland über Wild River Waterpark und Sea World bis zum Zoo in San Diego Abwechslung für alle Altersgruppen bietet.

Doch dies ist nur eine Seite Südkaliforniens. Hinter den Küstenbergen wartet eine andere, viel einsamere Welt: das Reich der Wüsten, die rund ein Viertel des ganzen Staates ausmachen. Die Biologen teilen die Region in die heiße, lebensfeindliche Colorado Desert im Süden und in die etwas kühlere, höher gelegene Mojave Desert mit ihren charakteristischen Yuccapalmen weiter nördlich.

Große Abschnitte der Wüsten stehen heute in State und National Parks wie Death Valley oder Joshua

Spiel von Licht und Schatten: Wanderdünen im Death Valley

Aus dem Magic Kingdom in Disneyland grüßt das Matterhorn mit seiner verschneiten Spitze

Tree unter Schutz. Aber auch die amerikanischen Streitkräfte haben sich Teile der menschenleeren Landstriche reserviert: als Testgelände oder auch als Landeplatz für Raumfähren in der *Edwards Air Force Base*. Und dann gibt es noch Oasen wie Palm Springs – die vergoldete Wüstenstadt. Im luxuriösen Resort residieren zwischen grünen Golfplätzen und Swimmingpools in palmenumsäumten Anwesen die reichen und prominenten Kalifornier im Winter.

ANAHEIM

[124 B4–5] Eigentlich ist Anaheim nur einer unter vielen der südlichen Vororte von Los Angeles – wäre da nicht 1955 Walt Disney gekommen und hätte hier seinen Lebenstraum eines Vergnügungsparks neuen Typs verwirklicht: ein Themenpark, der mehr bieten sollte als Achterbahnen und Karussells. Seither ist Anaheim rapide auf heute 340 000 Einwohner angewachsen und macht das Geschäft mit dem Vergnügen zum *big business*.

SEHENSWERTES

Disneyland

★ Der älteste Vergnügungspark der Welt. Neue Hightechachterbahnen wie *Indiana Jones* oder *Space Mountain* sorgen dafür, dass der Park aktuell bleibt. Aber auch ältere Attraktionen in dem in verschiedene Länder eingeteilten Park sind sehenswert: die Bootsfahrt durch die Phantasiewelt der *Pirates of the Caribbean* etwa oder das *Country Bear Jamboree*. Kinder sind entzückt von den Darstellern in Mickey- und Goofy-Kostümen, Schneewittchen und anderen Märchenfiguren. Das größte Spektakel bietet derzeit der 50. Geburtstag von Disneyland, der bis Ende 2006 mit einer aufwändigen *Parade of Dreams* und im Sommer allabendlichem großen Feuerwerk gefeiert wird.

Der Rummelplatz Disneyland ist eine perfekt funktionierende Organisation mit 12 000 Angestellten, dennoch kommt es im Hochsommer oft zu langen Schlangen vor einzelnen *rides*. Um dem Andrang aus dem Weg zu gehen, sollten Sie dann Wochenenden meiden und mindestens eine Stunde für Parken und Ticketkauf einkalkulieren, um spätestens um 10 Uhr (im Sommer ab 8 Uhr) im Park zu sein. Essen Sie besser schon gegen 11 Uhr zu Mittag, bevor sich alle anderen auf die Restaurants stürzen (ein gutes Restaurant: *Blue Bayou*), und stellen Sie Ihre Kleidung auf Hitze und Sonne ab (Kopfbedeckung). *Wechselnde Öffnungszeiten, im Sommer meist tgl. 8–24 Uhr, Eintritt 53 $, Mehrtagestickets erhältlich, der Southern California City Pass bietet auch bei anderen Attraktionen Südkaliforniens Vergünstigungen; 1313 Harbor Blvd., Tel. 714/781-45 65, www.disneyland.com*

Disney's California Adventure
Der neueste Disney-Park liegt direkt neben Disneyland – nicht ganz so groß, aber moderner und mit dem Thema Kalifornien. Besonders schön: die *Muppets-Show* und die atemraubende Achterbahn *California Screamin'*. *Wechselnde Öffnungszeiten, im Sommer meist tgl. 10–22 Uhr, Preise wie Disneyland*

ÜBERNACHTEN

Disneyland und *Knott's Berry Farm* sind von zahlreichen Hotels und vielen, auch günstigen, Motels förmlich umringt.

Disneyland Hotel
Hat eigene Spielanlagen, ist mit Disneyland per Monorail-Bahn verbunden und erlaubt seinen Gästen einen früheren Einlass zu den Attraktionen. *990 Zi., 1150 Magic Way, Tel. 714/778-66 00, www.disneyland.com,* €€€

Marriott Residence Inn
Modernes Hotel mit 200 sehr großen Suitezimmern. Gut für Familien geeignet. *11931 Harbor Blvd., Tel. 714/591-40 00, www.residenceinnanaheim.com,* €–€€

Super 8
Eines der vielen Motels in Fußmarschnähe von Disneyland und 10 km von Knott's Berry Farm entfernt. *173 Zi., 415 W Katella Ave., Tel. 714/778-69 00, www.super8.com,* €

Marco Polo Highlights »Der Süden«

★ **Disneyland**
In Anaheim werden die Standards für Freizeitparks in aller Welt gesetzt (Seite 80)

★ **Death Valley**
Wüstensand, Salzseen und Stein in allen Farben – ein magisches Tal voller Extreme (Seite 83)

★ **Sea World**
Zu Besuch bei Killerwalen und Pinguinen (Seite 89)

★ **San Diego Zoo**
Naturnahe Gehege, ungeheure Artenvielfalt (Seite 89)

★ **Laguna Beach**
Strandort mit Kunst und Tradition (Seite 85)

Ein echter Hingucker: der lichtdurchflutete Glaspalast Crystal Cathedral

ZIELE IN DER UMGEBUNG

Crystal Cathedral [124 B5]
Kühn konstruierter Kirchenpalast aus mehr als 10 000 Glasscheiben. Zu den Veranstaltungen gehören religiös inspirierte Shows zu Ostern und Weihnachten. *Führungen Mo bis Sa 9–15.30 Uhr, Tel. 714/971-40 13, 12141 Lewis St., Garden Grove, 10 km von Anaheim*

Knott's Berry Farm [124 B4–5]
Nur 15 Minuten Fahrt weiter westlich wartet ein weiterer riesiger Vergnügungspark, den vor allem Achterbahnfans nicht auslassen dürfen. Insider Tipp Spannendste Fahrten sind der 30-stöckige *Supreme Scream* und *Xelerator*. Dazu gibts Wildwasserfahrten, eine Wildwest-Geisterstadt und für Kids: *Camp Snoopy*. Gleich nebenan liegt ein gigantischer Wasserpark, *Soak City USA. Im Sommer meist 10–22 Uhr, sonst abends kürzer, Eintritt 45 $, 8039 Beach Blvd., Buena Park, www.knotts.com*

Queen Mary [124 B5]
Der britische Luxusliner, einst größtes Passagierschiff der Welt, liegt heute im Hafen von Long Beach, ca. 40 km von Anaheim, vor Anker und dient als Museum, Unterhaltungszentrum und Hotel. Zu besichtigen sind: Kapitänsbrücke, Maschinenraum und die oberen Decks. *Mo–Do 10–16.30, Fr–So 10–17 Uhr, Eintritt 23 $, 1126 Queens Hwy., Long Beach, www.queenmary.com*

COLORADO RIVER AREA

[125 F3–5] Der zu mehreren großen Seen gestaute Colorado River bildet die Grenze zwischen Kalifornien und Arizona. In letzter Zeit hat sich die Wüstenregion beiderseits des Flusses zum Spielplatz der Kalifornier entwickelt: mit großen Yachthäfen, vielen Campingplätzen und mit Casinos auf der Nevada-Seite. *Needles* **[125 F3]** ist ein Städtchen mit vielen historischen Gebäuden aus den Tagen der Santa Fe Railroad. In *Lake Havasu City* **[125 F4]** ließ der Millionär R. P. McCulloch Anfang der 1970er-Jahre die an der Themse zerlegte *London Bridge* Stein für Stein wieder aufbauen. *Blythe* **[125 F5]** ist der Ausgangspunkt für einen Trip auf dem Colorado – per Kanu oder Floß. Halb- und ganztägige Kanu- und Raftingtouren in die Schluchten des Colorado und Bootsvermietung bietet *Jerkwater Canoe Company (Topock, Arizona, Tel. 800/421-78 03, www.jerkwater.com).* Allgemeine Infos zur Region über *Needles Chamber of Commerce (Front St. und G St., Tel. 760/326-20 50, www.coloradoriverinfo.com).*

DEATH VALLEY

[123 E–F 2–4, 124–125 C–D 1–2]
★ Im Nordosten der Mojave Desert liegt Death Valley. *Devil's Golf Course*, der niedrigste Punkt der USA, 84 m unter dem Meeresspiegel, ist der heißeste Fleck der Erde (bis zu 57 Grad im Schatten). Umrahmt von bis zu 3368 m hohen Gipfeln wie dem *Telescope Peak* und angefüllt mit salzigen Seen, wird die Vielfalt des Wüstenlebens nirgendwo deutlicher als in dem über 180 km langen »Tal des Todes«. Riesige Krater, die Überreste alter Vulkane, und markante Canyons schillern dank Metall- und Mineralablagerungen in allen Farben und bergen einen bizarren For-

Die Wüste droht

Überleben bei 50 Grad im Schatten

So zivilisiert sie in einigen Teilen sein mag, so gefährlich und unberechenbar ist die Wüste auch. Plötzliche Sandstürme machen selbst breite Autobahnen im Nu unpassierbar. Und wenn es in den Hügeln tatsächlich mal regnet, kann ganz plötzlich ein Stück weiter bei blauem Himmel ein ausgetrocknetes Bachtal meterhoch unter Wasser stehen. *Flash flood* heißt das. Autofahrer, die sich abseits der großen Highways bewegen, sollten gute Karten und reichlich Getränke (Tagesbedarf: 5 l pro Person) mitnehmen. Tankstellen sind rar, achten Sie deshalb darauf, sehr viel mehr Benzin im Tank zu haben, als Sie für die Strecke bis zur nächsten Stadt benötigen. Ersatzkanister sind in den USA verboten. Zur Ausstattung für Wanderungen gehören neben der Wasserflasche ein *snake kit* für erste Hilfe bei Schlangenbissen und eine Pinzette zum Herausziehen der Kakteenstacheln. Bleiben Sie auf den markierten Trails und hinterlassen Sie bei den Rangers Namen, Aufbruchs- und voraussichtliche Rückkehrzeit.

Salzkrusten bei Badwater im Death Valley National Park

menreichtum. *Artist's Palette Drive*, eine Seitenstraße der US 178, führt zu einer dieser Gesteinsformationen, aus denen das Morgen- und Abendlicht die Farbenvielfalt einer Malerpalette herausholt.

Furnace Creek **[124 C1]** ist Mittelpunkt des Nationalparks mit Motels, Camping, Restaurants, einem öffentlichen Schwimmbad und guten Ausstellungen im *Visitor Center*. Zeugen menschlicher Bemühungen, die Wüste zu bezwingen und ihre Schätze auszubeuten, sind die Ruinen der Goldgräberstadt *Skidoo* sowie *Scotty's Castle* **[123 F2]**, der unvollendete Lebenstraum des Abenteurers Walter Scott, der sich 1924 mit Hilfe eines Geschäftsmannes aus Chicago für 2,4 Mio. $ in einem einsamen Canyon ein maurisch inspiriertes Schloss errichten wollte. Heute gibt es Führungen durch Scotty's Castle. *Zabriskie Point*, ein Aussichtspunkt hoch über den erodierten Hügeln und ausgetrockneten Seen der Wüste, wurde durch Michelangelo Antonionis gleichnamigen Film berühmt. Beeindruckender aber ist der Blick von *Dante's View* – besonders am frühen Morgen – über die gesamte Länge des Tals.

AUSKUNFT

Furnace Creek Visitor Center
Furnace Creek, Tel. 760/786-32 00, www.nps.gov/deva

ZIEL IN DER UMGEBUNG

Mojave National Preserve **[125 D–E 2–3]**
Die Mojavewüste ca. 80 km südlich von Death Valley bezeichnen die Amerikaner als *High Desert*, denn sie liegt auf 1000–1600 m Höhe. Tiere (Kojoten, Schildkröten, Wildhasen) und Pflanzen (Kakteen und

andere Sukkulenten, Mesquitbäume) gedeihen in ungeahnter Vielzahl. Im Frühjahr verwandeln die Wildblumen (am schönsten: kalifornischer Mohn) so manchen Abschnitt in ein Meer von Farben.

Cima Dome ist ein 500 m hoher Granitmonolith, auf dessen Oberfläche Joshua Trees wachsen. *Cinder Cones National Natural Landmark* birgt kegelförmige Vulkankrater und urzeitliche Felsmalereien. Die *Kelso Dunes* und der *Devil's Playground* sind faszinierende Sanddünenlandschaften. Zu den schönsten Routen gehören *Kelbaker Road* (die Nord-Süd-Verbindung zwischen Baker und der Autobahn I-40) und *Mojave Road*, der alte Indianer-Trail, per Jeep befahrbar (in Las Vegas oder Palm Springs zu mieten). Infos über *Mojave National Preserve Desert Information Center (72157 Baker Blvd., Baker, Tel. 760/733-40 40, www.nps.gov/moja/)*.

LAGUNA BEACH

[124 B5] ★ Das hübsch an einer Klippe gelegene Strandstädtchen hat Tradition, auch wenn es mit 25 000 Einwohnern längst über die Grenzen der ursprünglichen Künstlerkolonie hinausgewachsen ist. Doch Kunst und Kunsthandwerk spielen noch immer eine große Rolle, besonders während des Sommers, wenn von Juli bis September im *Irvine Bowl Park* das große *Festival of Arts* stattfindet.

MUSEUM

Laguna Art Museum
Große und gute Ausstellungen zeitgenössischer wie auch älterer südkalifornischer Künstler. *Do–Di 11–17 Uhr, Eintritt 9 $, 307 Cliff Drive*

ESSEN & TRINKEN

Las Brisas
Lebhafter Mexikaner, bei dem Tacos und Margaritas serviert werden. Unter freiem Himmel mit Blick aufs Meer. *361 Cliff Drive, Tel. 949/497-54 34,* €€–€€€

Zinc Café
Luftiges Café für Frühstück und Lunch mit angeschlossenem Markt. *350 Ocean Ave., Tel. 949/494-6302,* €€

ÜBERNACHTEN

Inn at Laguna Beach
Neu renoviertes Strandhotel, sehr geschmackvoll mit luftigem California-Feeling gestaltet. *70 Zi., 211 N Coast Hwy., Tel. 949/497-97 22, www.innatlagunabeach.com,* €€–€€€

Laguna Beach Best Inn
Einfaches Motel mit kleinem Pool, nicht weit vom Strand. *28 Zi., 1404 Coast Hwy., 949/494-64 64, www.lagunabeachbestinn.com,* €

Ritz-Carlton Laguna Niguel
Gilt als eines der 20 besten Hotels der USA. Direkt am Meer mit zwei Swimmingpools und drei Restaurants. *393 Zi., 1 Ritz Carlton Drive, Dana Point, Tel. 949/240-20 00, www.ritzcarlton.com,* €€€

AUSKUNFT

Laguna Beach Visitors Bureau
252 Broadway, Tel. 949/497-92 29, www.lagunabeachinfo.org

Das Board immer dabei: Huntington Beach ist das absolute Surf-Eldorado

ZIELE IN DER UMGEBUNG

Dana Point **[124 B5]**
Um den alten Hafen des Ortes (36 000 Ew.) knapp 10 km südlich von Laguna Beach reihen sich Restaurants und Geschäfte. Ideal für einen Bummel nach dem Strand.

Huntington Beach **[124 B5]**
Der lange Strand des Ortes (200 000 Ew.) knapp 20 km nördlich am Highway 1 gilt unter Surfern als einer der Spitzenplätze Kaliforniens. Entsprechend bunt ist die Szene hier vertreten, vor allem wenn Anfang September Meisterschaften stattfinden. Die Restaurants und Motels im Hinterland sind leger und erschwinglich.

Weit edler ist gleich nebenan *Newport Beach* (**[124 B5]**, 80 000 Ew.) mit schicken Galerien und Shops auf Fashion Island. An die 10 000 Yachten haben im Hafen Platz – da ist der Spitzname »amerikanische Riviera« wohl begründet. Das hervorragende *Orange County Museum of Art* zeigt vor allem provokative zeitgenösssiche Kunst *(Di bis So 11–17 Uhr, Eintritt 7 $, 850 San Clemente Drive)*. Vom Balboa Pier aus legen Boote zu Tagestouren nach *Santa Catalina Island* ab.

San Juan Capistrano **[124 C5]**
Abseits der Strände liegt rund 15 km von Laguna Beach in den Hügeln dieser historische Ort: eine Stadt (36 000 Ew.) voller kolonial anmutender Adobegebäude um die Ruinen der 1776 gegründeten spanischen *Mission San Juan Capistrano* mit einem ausgezeichneten Museum *(tgl. 8.30–17 Uhr, Eintritt 6 $, Hwy. 74)* und der ältesten Kirche Kaliforniens, deren Name auf den italienischen Rechtsgelehrten und

späteren franziskanischen Kreuzzugsprediger Johannes von Capistrano (14./15. Jh.) zurückgeht.

PALM SPRINGS

[125 D5] Heiße Quellen waren schon immer die Attraktion des Coachella Valley bei Palm Springs (44 000 Ew.), einem derzeit wieder sehr im Trend liegenden Erholungsort hinter den Küstenbergen von Los Angeles. Am Nordrand der Stadt überziehen große Windfarmen mit ihren Turbinen das Wüstenland. Der so gewonnene Strom wird dringend für Wasserpumpen und Kühlanlagen gebraucht. Den Run auf die Wüste zwei Autostunden östlich von Los Angeles lösten 1936 zwei Filmstars aus. Sie verwandelten 1 km^2 Wüste in einen Racketclub (alte Bezeichnung für Tennisclub), dessen Mitgliederliste sich bald wie ein Hollywood-Who's-Who las. Im *Coachella Valley* finden sich heute mehr als 90 Golfplätze, 300 Tennisplätze und weit über 7000 Pools.

Die Cahuilla-Indianer in der *Agua Caliente Indian Reservation* besitzen bis heute einen Großteil des Landes. Durch die Einnahmen aus Verpachtung gehören sie zu den reichsten Stämmen Amerikas. In den *Indian Canyons*, 8 km südlich vom Stadtzentrum von *Palm Springs*, können Sie wunderbar entlang des Bachs durch wilde Palmenhaine wandern. Östlich von Palm Springs reihen sich am East Palm Canyon Drive die Oasen des guten Lebens aneinander. *Rancho Mirage, Indian Wells, Palm Desert* – alles Refugien für betuchte Frührentner, die hier ihre Tage mit Golfen und ihre Abende mit Martinis auf der Terrasse verbringen.

SEHENSWERTES

Living Desert Wild Animal Park & Botanical Garden Insider Tipp

Für Wüstenfüchse ein echter Leckerbissen: auf dem 4,8 km^2 großen Freigelände Hunderte von Kakteen, dazu Schlangen, Bergschafe und viele andere Wüstentiere in natürlicher Umgebung. *Tgl. 9–17, im Sommer 8–13 Uhr, Eintritt 11 $, 47-900 Portola Ave., Palm Desert*

Palm Springs Aerial Tramway

In kaum 20 Minuten schwingt sich diese 4 km lange Seilbahn vom Wüstenboden auf eine Höhe von 2640 m über dem Meer. Von der Endstation haben Sie an klaren Tagen eine Aussicht bis zu einer Entfernung von 130 km! Im *San Jacinto State Park* **[124 C–D5]** finden Sie kühle Kiefernwälder, 80 km Wanderwege und – in schneereichen Wintern – Loipen zum Skilanglaufen sowie Skiverleiher. *Mo bis Fr 10–20, Sa/So 8–20 Uhr, Eintritt 21 $, Hwy. 111*

MUSEUM

Palm Springs Desert Museum

Schwerpunkte sind moderne amerikanische und indianische Kunst. *Di–Sa 12–17, So 12–17 Uhr, Eintritt 7,50 $, 101 Museum Drive*

ESSEN & TRINKEN

Blue Coyote Grill

Das Warten auf scharf gewürzte Spezialitäten aus dem Südwesten lohnt. *445 N Palm Canyon Drive, Tel. 760/327-11 96, €*

EINKAUFEN

Desert Hills Premium Outlets
Ein riesiges Shopping Center am Nordrand des Coachella Valley mit 130 Discountläden namhafter Hersteller wie Armani und Versace. *So–Do 10–20, Fr/Sa bis 21 Uhr, Freeway I-10, Cabazon*

ÜBERNACHTEN

Die Hotelpreise sind im Sommer bis zu 50 Prozent verbilligt. Der Grund: Die Hitze hält viele Amerikaner vom Besuch ab.

Insider Tipp **Coyote Inn**
Gemütliches kleines Hotel im Adobestil, Pool und Zimmer mit Küche. *7 Zi., 234 S Patencio Road, Tel. 760/327-03 04, www.coyoteinn.net, €–€€*

Palm Springs Ramada
Freundliches Mittelklassehotel nicht weit vom Zentrum; großer Pool. *255 Zi., 1800 E Palm Canyon Drive, Tel. 760/323-17 11, www.psramada.com, €*

AUSKUNFT

Palm Springs Desert Resort Visitors Bureau
69-930 Hwy. 111, Suite 201, Rancho Mirage, Tel. 760/770-90 00, www.palmspringsusa.com und www.palm-springs.org

SAN DIEGO

[124 C6] Mit fast 3 Mio. Einwohnern ist San Diego die zweitgrößte Stadt Kaliforniens. Ihr Freizeitwert ist mit unzähligen Wasser- und sonstigen Sportmöglichkeiten sehr hoch. Die Meteorologen zählen mehr als 300 Sonnentage pro Jahr. San Diego pflegt seinen Ruf als Inbegriff des entspannten kalifornischen Lebensstils. Die 110 km lange Küste des San Diego County besitzt unzählige Strände zum Schwimmen und Surfen.

San Diego ist der Geburtsplatz Kaliforniens. 60 Jahre nach ihrer Entdeckung benannte der spanische Konquistador Sebastian Vizcaino die Bay auf seiner Fahrt nach Norden nach San Diego de Alcalá. Noch im selben Jahr wurde hier die erste Missionskirche Kaliforniens mit einer Messe eingeweiht. 1835 bekamen die 432 Einwohner von San Diego den Pueblo-Status, hatten fortan einen Bürgermeister, ihr eigenes Steueraufkommen und eine Plaza. *Old Town Plaza* ist heute als State Park geschützt. Einige der alten Gebäude wurden renoviert und sind Besuchern zugänglich. Der historische Distrikt *Gaslamp Quarter*, ursprünglich *New Town* genannt, wurde 1857 von Alonzo Horton begründet, der die Stadt von Presidio Hill und Mission Valley näher an den Ozean rücken wollte.

Mission Bay, Mission Beach und Pacific Beach mit kleinen Inseln und Buchten bieten als größte Attraktion *Sea World*. Die Strände und Promenaden, auf denen sich die Surfer zu Bier, Hamburger und endlosen Geschichten übers Wellenreiten treffen, lassen sich per Auto oder auch bequem per Fahrrad erkunden. Nördlich von San Diego ist *La Jolla* mit seinem pinkfarbenen Hotel *La Valencia*, Kneipen und Shops der schönste Strandvorort.

Das milde Klima macht es möglich: Openair-Shoppingcenter in San Diego

SEHENSWERTES

Balboa Park
Der Park auf einem Hügel nördlich der Innenstadt wurde bereits 1868 gegründet und war 1915/16 Schauplatz der großen Panama-Pacific Exposition, einer Weltausstellung zu Anlass der Eröffnung des Panamakanals. In den Bauten von damals sind heute rund ein Dutzend Museen, ein Botanischer Garten und der San Diego Zoo untergebracht.

Gaslamp Quarter
Gepflegte viktorianische Häuser mit Kunstgalerien und Antiquitätenläden, modischen Geschäften und beliebten Bars. *Zwischen Broadway und K St.*

San Diego Zoo
★ Einer der größten und besten Tiergärten der Welt mit rund 4000 Tieren. Viele seltene Arten wie Gorillas und andere Primaten. Bekannt auch für Zuchterfolge etwa bei Tigern oder seltenen Pandas. Beispielhaft ist die artgerechte Umgebung: In bislang einem Dutzend Biosphären wird versucht, der natürlichen Umwelt der Tiere nahe zu kommen. Seilbahn und Busrundfahrten. *Tgl. 9–16 Uhr, im Sommer länger, Eintritt 21 $, Balboa Park, www.sandiegozoo.org*

Sea World
★ Ein gigantisches Ozeanarium auf gut 600 000 m² Fläche mit Eisbären, Hunderten von Pinguinen, Haien und einem nachgebauten Korallenriff. Stündliche Shows mit Orcawalen, Seelöwen und Ottern. *Im Sommer 9–23, im Winter 10–17 Uhr, Eintritt 51 $, Mission Bay, www.seaworld.com*

MUSEEN

Cabrillo National Monument
Von der Landzunge weit im Westen bietet sich ein grandioser Blick über Bucht und Stadt. Im

Visitor Center illustrieren Ausstellungen die frühe Geschichte Kaliforniens. *Tgl. 9–17.15 Uhr, Eintritt 5 $, Point Loma*

Museum of Contemporary Art
Kalifornische Künstler in einem Neubau der Architekten Robert Venturi und Denise Scott Brown. *Fr–Di 11–17, Do 11–20 Uhr, Eintritt 6 $, 700 Prospect St., La Jolla, www.mcasd.org*

ESSEN & TRINKEN

Casa de Bandini
Lehmhaus von 1829 mit exquisiter mexikanischer Küche. *2754 Calhoun St., Tel. 619/297-82 11, €*

George's at the Cove
Fischrestaurant mit Stil und bestem Pazifikblick. Unbedingt reservieren. Zwangloser: das Café und *The Terrace. 1250 Prospect St., La Jolla, Tel. 858/454-42 44, €€–€€€*

Insider Tipp
Kemo Sabe
Asiatisch inspirierte California Cuisine in einem schicken Lokal im Szeneviertel Hillcrest. *3958 5th Ave., Tel. 619/220-68 02, €€*

Top of the Market
Fisch aus aller Welt, dazu Blick auf den Hafen; leger ist der *Fish Market* im Untergeschoss. *750 N Harbor Drive, Tel. 619/234-48 67, Fish Market €, Restaurant €€–€€€*

ÜBERNACHTEN

Hotel Del Coronado
1888 entstand mit dem »Del« das erste Ferienhotel Südkaliforniens für wohlhabende Gäste. Das Haus war Schauplatz der Monroe-Komödie *Manche mögen's heiß*. Das Haus besitzt eine der reizvollsten Strandbars in ganz Kalifornien – *Babcock & Story*, benannt nach den beiden Hotelgründern. Täglich Führungen zur Hotelgeschichte mit zahlreichen Anekdoten über die Dreharbeiten. *688 Zi., 1500 Orange Ave., Coronado, Tel. 619/435-66 11, www.hoteldel.com, €€€*

Humphrey's Half Moon Inn
Elegantes Resort mit tropischen Gärten und eigenem Yachthafen, gutes Restaurant. 182 große Suite-Zimmer. *2303 Shelter Island Drive, Tel. 619/224-34 11, www.halfmooninn.com, €€–€€€*

Insider Tipp
La Pensione
Freundliches kleines Hotel am Nordende der Innenstadt im Viertel Little Italy. Saubere Zimmer mit Kochecke. *75 Zi., 606 W Date St., Tel. 619/236-80 00, www.lapensionehotel.com, €*

EINKAUFEN

Bazaar del Mundo
Geschäfte mit Importen aus Mexiko und Südamerika. *Old Town State Park (zwischen Calhoun, Juan, Wallace und Mason Street)*

Carlsbad Premium Outlets
Knapp 100 Discountläden in einem mediterran gestylten »Dorf«: Timberland, Hilfiger, Puma und viele mehr. *Tgl. 10–20 Uhr, Paseo Del Norte, Carlsbad*

Horton Plaza
Das Wahrzeichen der Innenstadt von San Diego: ein kunterbunt in vielen Architekturstilen zusammengewürfeltes Shopping Center mit

viel Californiaflair. Rund 150 Geschäfte, Kaufhäuser, Cafés und Kinos. Beliebt als Treff sind auch die vielen Restaurants der Anlage.

FREIZEIT & SPORT

Baden

Silver Strand State Beach und *Coronado Beach (Coronado), Mission Beach, Tourmaline Surfing Park* und *La Jolla Cove (La Jolla)* sowie *Torrey Pines State Beach* in Del Mar gehören zu den schönsten Stränden.

Rad fahren/Rollerblading

Verleih bei: *Aquarius Surf and Skate (Pacific Beach, Tel. 858/270-24 66)* und *Cheap Rentals (3685 und 3221 Mission Blvd, Tel. 858/488-55 33).*

Wale beobachten

Im Winter bewegen sich die Wale zu ihren Paarungsgründen vor Baja California. Touren und Hafenrundfahrten: *Hornblower Cruises (San Diego, Tel. 619/686-87 15).*

AUSKUNFT

San Diego International Visitor Information Center

1040 1/3 W Broadway, Tel. 619/236-12 12, www.sandiego.org

ZIELE IN DER UMGEBUNG

Baja California **[124 C6]**

Ein Abstecher nach Mexiko (20 km südlich von San Diego, mit der Straßenbahn erreichbar) führt ins geschäftige Touristenmekka *Tijuana* (1,2 Mio. Ew.) und in einsame, wilde Wüstenlandstriche. Achtung: Versicherungsbeschränkung bei vielen Mietwagen.

San Diego Wild Animal Park **[124 C6]**

Freigehege mit 450 bedrohten Tierarten in künstlich angelegter Steppe mit Sümpfen sowie Regenwald. *Tgl. 9–22 Uhr, im Winter kürzer, Eintritt 28,50 $, 15500 San Pasqual Valley Rd., Escondido, 45 km von San Diego*

Auf einer Bootstour können Sie Grauwale aus nächster Nähe beobachten

Highways voller Abenteuer und Romantik

Die Touren sind in der Karte auf dem hinteren Umschlag und im Reiseatlas ab Seite 120 grün markiert

1 DER RAUE NORDEN: EIN PARADIES FÜR ABENTEURER

Von San Francisco aus in die Welt des Weins, der Redwoods, Vulkane, Goldgräber und in den Yosemite National Park. Dauer: acht Tage, ca. 1800 km (1100 Meilen).

Von San Francisco aus führt nur ein Weg nach Norden: der über die berühmte Golden Gate Bridge. Wer bis jetzt noch keinen Ausflug mit der Fähre nach *Sausalito (S. 35)* gemacht hat, sollte diesen Abstecher jetzt unbedingt nachholen. Der Blick von hier über die Bay auf San Francisco und die ehemalige Gefängnisinsel *Alcatraz (S. 28)* lohnt sich. Weiter nördlich, jenseits der San Pablo Bay, erreichen Sie über den Highway 37 den Highway 29. Er zieht sich durch das bedeutendste Weintal der Vereinigten Staaten – *Napa Valley (S. 41)*, Symbol und Zentrum des Spitzenweinanbaus in Kalifornien. Etliche der besten Winzer säumen die Straße, darunter – noch vor Yountville – die Weingüter *Trefethen* (Chardonnay) und *Domaine Chandon* (Rosésekt), *Robert Mondavi* und *Grgich Hills* in der Gegend von Rutherford, *Freemark Abbey* und *Clos Pegase* hinter St. Helena.

In *Calistoga*, einem Kurbad mit heißen Quellen, das 1859 gegründet wurde, geht es weiter bis nach Geyserville und über den Highway 128 zur Pazifikküste und ins Künstlerstädtchen *Mendocino (S. 40)*, in dem noch viele der Holzhäuser aus dem 19. Jh. erhalten sind und das die Kulisse für den James-Dean-Film »Jenseits von Eden« bot. In *Fort Bragg* lohnt sich ein Ausflug mit dem *Skunk Train (S. 41)* durch die Redwoodwälder nach *Willits*. Kurze Zeit später zwingt die Undurchdringlichkeit der Berge der Lost Coast den Highway 1 zurück auf den Highway 101 und führt hinter Garberville zur *Avenue of the Giants (S. 37)*, die zusammen

Beliebtes Fotomotiv auf der Monterey Peninsula: »die einsame Zypresse« am 17-Mile-Drive

mit den riesigen Bäumen des *Humboldt Redwoods State Park (S. 37)* ein gigantisches Naturschauspiel bietet.

Hinter Rio Dell, auf den Highways 36, 3, 299 nähern Sie sich dem nächsten faszinierenden Naturereignis – dem schneebedeckten, 4317 m hohen Vulkangipfel des *Mt. Shasta (S. 44)* mit dem Örtchen Shasta. Die Urlandschaft von Nordkalifornien lässt sich am besten mit einem Hausboot auf dem *Lake Shasta (S. 44)* erkunden.

Welche Gewalt die Erde entfalten kann, erleben Sie, wenn Sie über Redding und den Highway 44 den *Lassen Volcanic National Park (S. 39)* ansteuern. Hunderte von Quadratkilometer vulkanisches Gebiet durchziehen den Park, bizarres Gestein, umgeben von brodelnden Thermal- und Schwefelquellen, erinnert daran, dass unser Planet noch immer nicht zur Ruhe gekommen ist.

Ganz anders verhält es sich mit dem Rausch jener, die 1848 und 1849 in den Bergen nach Gold und Silber suchten. Ihre Spuren sind beinahe verwischt. Nur südlich des National Parks findet sich die eine oder andere Hinterlassenschaft des *Gold Country (S. 50)*. Insbesondere an dem Highway 49, dem *Golden Chain Highway*, der über die alte Minenstadt *Nevada City* und ihre pittoresken Backsteingebäude nach *Grass Valley* führt. Hier, wo einst die Hälfte der kalifornischen Goldertäge gefunden wurde, erhalten Sie bei einer Besichtigung der *Empire Mine* einen Eindruck über 100 Jahre Bergbaugeschichte.

In *Coloma* erinnert der *Marshall Gold Discovery State Historik Park* an die historische Episode. *Angel's Camp*, der *Columbia State Historic Park*, *Sonora* und das sehr authentisch gebliebene Wildweststädtchen *Jamestown* bieten weitere Reminiszenzen an das einstige Goldabenteuer.

Insid Tipp

Nach Jamestown biegen Sie ostwärts auf den Highway 120 ab und erreichen so den *Yosemite National Park (S. 55)*, das landschaftliche Juwel in der High Sierra, das 1890 unter Naturschutz gestellt wurde. Der Park mit seinen fast senkrecht emporragenden Felswänden, Wasserfällen und Granitfelsen, die sich majestätisch über die Fichtenwälder erheben, ist der populärste der 54 amerikanischen Nationalparks.

Der Weg aus der Abgeschiedenheit zurück in den großstädtischen Trubel führt durch das flache *San Joaquin Valley*, dann über den Highway 5 nach Norden und schließlich die Interstate 80 wieder nach San Francisco, das Sie diesmal über die Oakland Bay Bridge erreichen.

2 HIGHWAY 1: TRAUMSTRASSE DER WELT

★ An der Küste entlang geht es von San Francisco nach Los Angeles. Dauer der Tour: vier Tage, ca. 725 km (450 Meilen).

Vom Flughafen San Francisco aus nehmen Sie den Highway 101 nach Südosten, zweigen in *Salinas (S. 61)* auf den Highway 68 ab und fahren in Richtung *Monterey (S. 61)*, das 1849 als erste Hauptstadt in Kaliforniens Geschichte einging. Sehenswert: das Monterey Bay Aquarium, die spanisch geprägte Altstadt sowie die von alten Konservenfabriken gesäumte Cannery Row (John

Sand, Zypressen, perfekt halbrunde Bucht: Strand bei Carmel

Steinbecks berühmte »Straße der Ölsardinen«) und Fisherman's Wharf, einst Anlaufstation von Segelschiffen aus aller Welt. Heute birgt der Pier zahlreiche Boutiquen und Restaurants.

In Pacific Grove zweigt der berühmte *17-Mile-Drive (S. 61)* von dem Highway 68 ab, eine gebührenpflichtige, 27 km lange Straße, die die zypressenbestandene Halbinsel Monterey umringt und einen atemberaubenden Blick auf den Pazifischen Ozean und seine postkartenschönen Sonnenuntergänge bietet. Am Südende des 17-Mile-Drive sollten Sie sich *Carmel (S. 60)* ansehen, ein herausgeputztes Städtchen mit ornamentreichen Holzhäusern.

Von dort aus folgen Sie dem Highway 1 nach Süden vorbei am *Point Lobos (S. 60)* und weiter nach *Big Sur (S. 59)*, berühmt als Künstlerkolonie und Hippietreffpunkt, hoch über der Gischt des Ozeans. *Nepenthe (S. 60)*, einst das Sommerhaus von Orson Welles und Rita Hayworth, ist heute ein Restaurant und bietet einen herrlichen Blick aufs Meer. Nur etwa 400 m südlich des Lokals erinnert linker Hand hinter Bäumen versteckt die *Henry Miller Library* an den berühmten Schriftsteller. Der frühere Privatsekretär Millers, der Österreicher Emil White, richtete die Gedenkstätte ein, in der heute auch Kunstausstellungen und Lesungen stattfinden *(Do–So 11–18 Uhr, Eintritt frei, Spenden erbeten)*.

Insider Tipp

Der nächste Stopp, *Hearst Castle (S. 64)*, eine gute Autostunde südlich von Big Sur, gehört in die Abteilung »typisch amerikanisch«. Die Villa des Zeitungsverlegers William Randolph Hearst mit ihren 100 Räumen im Haupthaus und dem säulenumsäumten Swimmingpool war in den 1940er-Jahren Schauplatz wilder Hollywoodpartys.

Am *Morro Rock* nahe *San Luis Opispo (S. 63)*, 32 km weiter südlich, ist davon nichts mehr zu spüren. Der höchste der schwarzen vulkanischen Felsen, die im Schutz der Morro Bay die Küste markieren, wird Sie daran erinnern, wie sehr das Gesicht Kaliforniens von der Natur geprägt ist.

Das gilt auch für die Hügellandschaft landeinwärts rund um das

Universitätsstädtchen *San Luis Obispo.* Die Attraktion ist allerdings das *Madonna Inn (S. 64),* ein Hotel, das ein innenarchitektonischer Vergnügungspark mit absichtsvoll kitschigen Zimmern ist. Unmittelbar südlich von San Luis Obispo sind im Insider Tipp *Edna Valley* (Hwy. 227) mehrere weniger bekannte, aber recht anspruchsvolle Weingüter zu besichtigen, etwa *Talley Winery, Edna Valley Vineyard* oder *Laetitia Winery.*

Der Highway 1 führt weiter nach *Santa Barbara (S. 64),* einer attraktiven Küstenstadt am Fuß der Santa Ynez Mountains. Die lehmfarbenen Häuser mit ihren traditionell roten Dachziegeln sind ein Erbe der spanischen Kolonialherren. Vorbei an Stränden wie *Leo Carillo State Beach* und *Point Dume Beach,* Treffpunkte der Surfer aus Los Angeles, führt der Highway 1 nach *Malibu,* wo sich die Hollywoodstars direkt am Strand niedergelassen haben, und weiter in die Küstenvororte von Los Angeles namens *Santa Monica* und *Venice Beach.*

3 VORNE SURF, HINTEN SAND: DER HEISSE SÜDEN

Dieser Weg führt von Los Angeles nach San Diego und durch die Wüste von Coachella Valley. Dauer: fünf Tage, ca. 925 km (575 Meilen).

Wenn Sie aus dem Dickicht der Autobahnen von Los Angeles herausgefunden haben, steuern Sie über die Interstate 5, den Santa Ana Freeway, zunächst *Disneyland* an *(S. 80).* Danach geht es auf der Interstate 5 weiter nach Süden und von Santa Ana über den Highway 55 Richtung Westen bis nach *Newport Beach (S. 86).* Dort liegen im Yachthafen bis zu 10 000 Boote vertäut vor Anker. *Balboa* ist eine der acht vorgelagerten Inseln und Ausgangspunkt für Ausflüge nach *Santa Catalina Island (S. 77),* einst Domizil des Kaugummimillionärs William Wrigley. Der Highway 1, der Pacific Coast Highway, führt weiter nach *Laguna Beach (S. 85),* früher Künstlerkolonie, das eine anregende Mischung aus Galerien, Restaurants und Boutiquen besitzt.

Weiter auf dem Highway 1 gelangen Sie über den Del Obispo Ortega Highway (Highway 74) nach *San Juan Capistrano (S. 86),* 1776 als erster einer ganzen Serie von spanischen Missionsstützpunkten gegründet. Unweit des Ortes kreuzt der Highway die Interstate 5, auf der Sie nördlich von Del Mar (Abfahrt: Dublin Boulevard) wieder den Highway 1 erreichen. Hier reihen sich schöne Villen und reizvolle Strände bis nach *San Diego (S. 88)* aneinander. Neben dem Stadtzentrum mit dem Shoppingcenter Horton Plaza, dem Gaslamp Quarter und dem Vergnügungsviertel Balboa Park bietet die Metropole einen der schönsten Zoos der Welt, unter anderem mit einem Paar der seltenen Pandabären.

Richtung Binnenland verlassen Sie San Diego auf der Interstate 8, um zunächst auf dem Highway 79 nach Norden und dann auf dem Highway 78 nach Osten den *Anza Borrego Desert State Park* Insider Tipp zu durchfahren. Dessen karge Kakteenlandschaft blüht im März in den Farben zahlloser Wildblumen dramatisch auf. Auf dem Highway 86 lassen sich weiter nördlich *Salton Sea,* ein künstlicher See, dessen

Gewaltige, rosarote Felsformationen im Joshua Tree National Park

Wasser salziger ist als das des Pazifiks und das *Coachella Valley (S. 87)* erkunden, ein sonniges Wüstental mit großen Dattelpalmen, in dem sich auf weniger als 50 km^2 an die 90 Golfplätze befinden. *Indian Wells, Palm Desert, Rancho Mirage* und *Palm Springs* bilden die attraktiven Oasen für Kaliforniens wohlhabende Bevölkerung, die hier wegen des trockenen, warmen Klimas überwintert.

Auf keinen Fall sollten Sie *Living Desert (S. 87)* versäumen, ein Natur- und Tierpark, der das Wüstenleben anschaulich erklärt. Ebenso wenig in *Palm Springs (S. 87)* die Aussicht von *San Jacinto,* per Seilbahn mit rotierenden Gondeln in 20 Minuten zu erreichen, von der aus Sie an klaren Tagen mehr als 100 km weit blicken können. Den Kontrast zum Naturprogramm bildet in der Stadt die zum Flanieren sehr nette Shoppingmeile *Palm Canyon Drive.*

Via Interstate 10 fahren Sie Richtung Osten bis zur Cottonwood Springs Road, folgen dieser weiter nach Norden und erreichen so die Wüste und den Südeingang des *Joshua Tree National Park.* Am *Ocotillo Patch* und dem *Cholla Cactus Garden* vorbei folgen Sie dann der Queen Valley Road durch den westlichen Teil des Parks, in dem die über 12 m hohen Yuccapflanzen, denen der Park seinen Namen verdankt, wachsen.

Die Quail Springs Road führt aus dem 2400 km^2 großen Parkgelände heraus. Von *Keys View* ergibt sich noch einmal ein weiter Blick über das Coachella Valley bis hin zu den San Jacinto Mountains. Highway 62 und Interstate 10 bringen Sie, vorbei an einer der größten Outlet Shopping Malls von ganz Amerika (in *Cabazon*), auf schnellstem Weg wieder zurück in die Zivilisation – direkt ins Zentrum von Los Angeles.

Surfin' USA

Kalifornien setzt die Trends im Sport, Fitness ist eine Religion: ideale Bedingungen für den Aktivurlaub

Strände, Berge und Seen, reißende Flüsse und tropische Temperaturen: Kalifornien hat einfach alles. Hinzu kommt eine Bevölkerung, die Fitness und Gesundheit beinahe religiös verehrt und allem Neuen positiv gegenübersteht. Beide Komponenten zusammen haben den Golden State in ein Freizeitparadies verwandelt, in dem immer wieder neue Modesportarten entwickelt werden – mit dem einen großen Ziel: Fun und Action.

So sind die Flüsse nicht nur zum Bestaunen da, sondern auch für Kajaker und Rafter. Von Bergen und Dünen kann man per Hangglider abheben, von den Küsten aus in faszinierende Unterwasserwelten abtauchen. Gelegenheitssportler werden ebenso fündig werden wie Extremsportler. Denn in Kalifornien lautet das Motto stets: Schweiß kann fließen, muss aber nicht, Hauptsache, die Sache macht Spaß!

BIKING & MOUNTAINBIKING

Kalifornien hat jedes Terrain im Angebot, von glühend heißer Wüste bis zu sauerstoffarmen Bergpässen, von kurvigen Küsten bis zu Biketouren mitten durch San Francisco. Zahlreiche Veranstalter offerieren geführte Radtouren mit Übernachtungen in B & Bs. Mountainbiker sind in *San Francisco* richtig, schon allein aus historischen Gründen: Am Mt. Tamalpais in Marin County wurde ihr dick bereifter Untersatz erfunden. Heute gilt der 800 m hohe »Mt. Tam« zwischen Pazifik und Bay als Mountainbikemekka. Andere Tummelplätze der *Fat Tire*-Gemeinde: *Mammoth Lakes*, wo der *Kamikaze Downhill Trail* Biker aus aller Welt anzieht, und die Pässe der *High Sierra*. Geführte Touren nach Mt. Tamalpais, ins Napa Valley und nach Half Moon Bay: *Wheel Escapes Bicycle Tours, 443 Chenery St., San Francisco, Tel. 415/586-23 77, www.wheelescapes.com.* Geführte Trips, Mountainbikeverleih: *Mountainbiking Footloose Sports Center, 3043 Main St., Mammoth Lakes, Tel. 760/934-24 00, www.footloosesports.com*

Ein beach boy beim Tanz auf den Wellen am Pacific Grove

DRACHENFLIEGEN

Selbst Novizen bietet sich in Kalifornien die Möglichkeit, innerhalb kürzester Zeit zum ersten Mal im Leben abzuheben. Schulen fürs Paragliding und Drachenfliegen – hier heißt es *hanggliding* – gibt es allerorten. Die an den Küsten haben den Vorteil einer beständig wehenden Brise und der weichen Landung: Anfänger beginnen auf Dünen und landen im weichen Sand, den Pazifik vis à vis. Paraglidingkurse und Tandemflüge über die Santa Barbara Mountains organisiert *Fly Above All (1221 State St., Suite 4a, Santa Barbara, Tel. 805/965-37 33, www.flyaboveall.com)*; Kurse für Anfänger- und Fortgeschrittene sowie Tandemflüge am Mt. Tamalpais und auch Touren mit Ultraleichtmaschinen über San Francisco organisiert das *San Francisco Hang Gliding Center (Infos unter Tel. 510/528-23 00, www.sfhanggliding.com)*.

Insider Tipp

GOLF

Golf hat in Kalifornien eine besondere Dimension erreicht. Allein im Umkreis der Golferhochburg *Palm Springs* gibt es über 80 Plätze, im ganzen Staat sind es buchstäblich Hunderte. Für legendäre Courses wie *Pebble Beach* bei Monterey müssen Sie 300 $ Greenfee und mehr rechnen, doch auf den vielen weniger bekannten Plätzen liegen die Fees ganz vernünftig zwischen 30 $ und 80 $. Die Hotelconcierge kann meist auch kurzfristig Tee-Times besorgen. Weitere Infos: *www.californiagolf.com* und *www.golfcalifornia.com*

HIKING & TREKKING

Vom kurzen Spaziergang zur Biberburg bis hin zu mehrwöchigen Wandertouren durch menschenleeres Backcountry: Kaliforniens Wildnisgebiete bieten Trails für Tageswanderer wie für Extremhiker. Die Wege sind in der Regel vorbildlich ausgebaut und markiert, vor allem in den Nationalparks. Nur laufen muss man selbst, am besten mit Hilfe der vom *Visitor Center* herausgegebenen Karten.

Der längste Trail des Westens ist der *Pacific Crest Trail*. Er beginnt an der mexikanischen Grenze und führt bis Kanada. Seine schönsten Abschnitte kann man in den Nationalparks Yosemite und Kings Canyon unter die Stiefel nehmen. Dort heißt er *John Muir Trail* und führt 340 km durch grandiose, hochalpine Landschaften. Andere Trails mit Weitblick: der *Lassen Peak Trail* auf den Gipfel des Mt. Lassen und die Besteigung des Mt. Shasta. Auskunft: *Pacific Crest Trail Association, 5325 Elkhorn Blvd., Sacramento, Tel. 916/349-21 09, www.pcta.org*

RAFTING

Wer einmal an einer Floßfahrt durch meterhohe Stromschnellen teilgenommen hat, weiß von jeder Menge eiskaltem Wasser zwischen Haut und Hemd, von viel Adrenalin und großartigem Teamgeist zu berichten. In Kalifornien bieten mehr als 50 Flüsse den wilden Ritt durch schäumendes H_2O. Bei Raftern besonders beliebt: die Flüsse an der Westflanke der Sierra Nevada wie etwa der *American River* oder der *Tuolumne River*. Den *Upper Klamath River* am Mt. Shasta sollten nur erfahrene Wildwasserfans in Angriff nehmen. *American Whitewater Expeditions* organisiert Halb- und ganztägige Raftingtrips auf dem American River, auch zweitägige Wildnistrips *(Sunland, Tel. 800/825-32 05, www.americanwhitewater.com)*. Rafting auf dem *Ameri-*

Insider Tipp

Profi-Green für höchste Ansprüche: Golfplatz bei Palm Springs

can, Stanislaus und *Kaweah River* vermittelt *Beyond Limits Adventures (Riverbank, Tel. 209/869-60 60, www.rivertrip.com).*

REITEN

Die klassische Fortbewegungsart des Wilden Westens ist heute so populär wie einst: Auf den *guest ranches* kann man ihn atmen, den Duft des Westens und der Pferdeäpfel. Schlafen in zünftigen Blockhütten und Teilnahme am Ranchalltag gehören ebenso dazu wie ein- und mehrtägige Ausritte, *packtrips* genannt, durch wahre Bilderbuchlandschaften. Besonders schöne Reitreviere gibt es in der *High Sierra* rund um Mammoth Lakes.

Die *High Sierra Pack Station* bietet ein- und mehrtägige Ausritte in die *John Muir* und *Ansel Adams Wilderness* und den *Kings Canyon National Park* inklusive Ausstattung für Selbstversorger an *(Mono Hot Springs, Tel. 559/285-72 25 oder 299-82 97, www.mono hotsprings.com).* Ausritte in der *High Sierra* offeriert *Mammoth Lakes Pack Outfit (Mammoth Lakes, Tel. 760/394-24 34, www.mammoth pack.com).*

SURFEN

Die kalifornische Sportart schlechthin: auf schlankem Brett furchtlos hohe Wellenberge hinunterzischen. Die kalifornischen Boys und Girls surfen überall dort, wo die Wellen sich gleichmäßig und der Länge nach brechen. Die bekanntesten Surfstrände Kaliforniens liegen im Süden: *Bolsa Chica State Park, Topanga State Beach, Huntington Beach, Las Tunas State Beach und Surfrider Beach, Hermosa Beach* und *Manhattan Beach.* Bretter kann man sich dort in den Surfshops für 25–40 $ pro Tag ausleihen. Infos: *www.isurfing.com* und *www.boardom.com/surf/surfcamps/southerncal.htm*

Tolle Aussichten

California dreamin' auch für die Kleinen: Was der Golden State für sie bereithält, werden sie niemals vergessen

Amerikaner sind kinderliebe Leute. Die Familie ist für sie heilig, deswegen nehmen sie sie überall mit hin. Und die Infrastruktur ist bestens auf diese Zielgruppe eingestellt. Von Spielkasinos einmal abgesehen, sind alle touristisch interessanten Orte auf Kinder vorbereitet. Restaurants winken mit dem *menu for kids* und die Hotels mit *kids stay for free*-Angeboten. Und natürlich mit Swimmingpools. Auch Wickeltische, Spielplätze in Shopping Malls und Kinderprogramme in Nationalparks machen den Trip mit Anhang zum Vergnügen.

Planen Sie mit Kindern unbedingt mehr Zeit für eine Rundfahrt ein, unterwegs kommt man regelmäßig an Abenteuerschwimmbädern, phantasievoll gestalteten Minigolfanlagen und rekonstruierten Wildweststädtchen vorbei. Das hilft, die teils langen Fahrstrecken zu entschärfen.

Und dann sind da natürlich all die berühmten Vergnügungsparks, die nicht nur die Kleinen mit offenem Mund staunen lassen. Disneyland lockt ebenso wie Sea World, die Achterbahnen von Six Flags Magic Mountain und die Universal-Filmstudios. Kaliforniens Strände sind Tummelplätze für jede Altersgruppe, und auch die Nationalparks versprechen mit Streifenhörnchen auf den Rastplätzen und Camping unterm Sternenzelt unvergessliche Erinnerungen.

Disneyland – Symbol kindlicher Lebensfreude: Eine Begegnung mit Donald Duck lässt Kinder strahlen

SAN FRANCISCO

Cable Car Barn Museum **[U E–F2]**
Neben einer lärmenden, ruckelnden Fahrt ist für die Kids auch das Cable Car Barn Museum ein Erlebnis: Hier wird die 120 Jahre alte Technologie dieser Zahnradbahn auf anschauliche und unterhaltsame Weise erklärt, und man sieht die gewaltigen Kabelrollen, die die Cable Cars bewegen, in Aktion. *April bis Okt. tgl. 10–18, sonst tgl. 10–17 Uhr, Eintritt frei, Washington/Mason Sts., www.sfcablecar.com*

Metreon **[U F2]**
Ein riesiges Unterhaltungszentrum, gesponsert vom Mediengiganten Sony. Das *Action Theatre* ist auf mitreißende Abenteuertrickfilme spezialisiert, in *Portal One* warten die neuesten Videospiele. Kinos mit Megascreens runden den Besuch ab. *Tgl. 10–22 Uhr, Eintritt 10 $, 101 4th St., Tel. 415/369-60 00, www.metreon.com*

Wax Museum **[U E1]**
Neo alias Keanu Reeves aus dem Kinoknüller *Matrix*, Angelina Jolie und der schlagkräftige Jackie Chan sind derzeit die Stars in diesem Panoptikum der Schönen und Wichtigen. *Mo–Fr 10–21, Sa/So 9–21 Uhr, Eintritt 13 $, Kinder 7 $, Fisherman's Wharf, 145 Jefferson St., www.waxmuseum.com*

DER NORDEN

Six Flags Marine World **[122 A1]**
Eine gelungene Mischung aus Vergnügungspark und Ozeanarium mit Seelöwenshows und Haibecken, mit Killerwalshows und spektakulären Achterbahnen. *Im Sommer tgl. ab 10 Uhr, Eintritt 47 $, Kinder 26 $, Freeway I-80/SR 37, Vallejo, www.sixflags.com*

ZENTRALKALIFORNIEN

Gold waschen **[121 D–E 4–6]**
Für Kids eine spannende Sache: Im Gift Shop von Nevada City oder Sonora wird eine Schürfpfanne gekauft, und dann ab zum nächsten Fluss! Was da nach hinreichendem Schwenken am Boden der Pfanne glänzt, kann durchaus ein Nugget sein. Wer der eigenen Nase nicht traut, mag sich einem professionellen Veranstalter anvertrauen. Er sagt einem, wie es gemacht wird, und hat etliche spannende Geschichten auf Lager. *Kosten je nach Länge der Tour 15–140 $,* Insider Tipp *Gold Prospecting Adventures, Jamestown, Tel. 209/984-46 53, www.goldprospecting.com*

Lake Tahoe **[121 E4–5]**
Kaliforniens schönster Bergsee ist ein ideales Aktivrevier mit Kindern. Die Palette reicht von Paddelfahrten im Kanu bis hin zu Wasserskilaufen und Parasailing. Immer ein Hit: Ausfahrten mit dem Schaufelraddampfer *Tahoe Queen*. Über die größte Auswahl an Sportgerät zur Vermietung verfügt die *Zephyr Cove Marina (Tel. 775/588-66 44, www.tahoedixie2.com)*. Wer noch nie mit einem Gummifloß durch Stromschnellen gefahren ist, kann auf dem Truckee River erste Erfahrungen sammeln. Der Truckee, eher munter als temperamentvoll, ist ein Raftingrevier für die ganze Familie *(Truckee River Raft Rental, 185 River Rd., Tahoe City, Tel. 530/583-01 23, www.truckeeriverraft.com)*.

ZENTRALE KÜSTE

Monterey Bay Aquarium **[122 A3]**
Mit über 350 000 Meeresbewohnern, einem drei Stockwerke hohen Millionen-Liter-Tank und einer phantastischen Ausstellung über Tiefseefische schon kein Aquarium mehr, sondern eine Unterwassererlebniswelt. Prominenteste Hingucker: Haie, Barrakudas, Riesenseeschildkröten und Seeotter. *Im Sommer tgl. 9.30–18, sonst 10–18 Uhr, Eintritt 20 $, Kinder 11 $, 886 Cannery Row, Monterey, www.montereybayaquarium.org*

Santa Cruz Beach Boardwalk **[122 A2]**
Ein herrlich altmodischer Vergnügungspark direkt am Strand: hölzerne Achterbahnen von 1911, Karussells, Shoppingarkaden. Nahebei liegt *Neptune's Kingdom*, ein Themenpark mit riesiger Minigolfanlage. *Im Sommer tgl. ab 11 Uhr, Eintritt frei, Hwy. 1, Santa Cruz, www.beachboardwalk.com*

Das Becken im Monterey Bay Aquarium ist wie ein Fenster zum Meer

Walbeobachtung **[123 D6]**
Die Nord-Süd-Wanderung der Grauwale findet zwischen Dezember und Mai statt. Beste Beobachtungspunkte an Land sind Point Reyes National Seashore, Mendocino Headlands State Park, Carmel und Santa Barbara. Die Zeit für Buckel- und Blauwale ist von Juni bis November. Auf Boottouren kann man die sanften Riesen aus nächster Nähe erleben. Einige dieser Schiffe legen in Santa Barbara ab: *Eintritt 35 $, Kinder 18 $, Condor Cruises, Sea Landing, 301 W Cabrillo Blvd., Santa Barbara, Tel. 805/882-00 88*

LOS ANGELES

Six Flags
Magic Mountain **[124 A–B4]**
Außerhalb, aber für Achterbahnfans die Anfahrt wert: Die jüngste Erwerbung heißt schlicht *Scream* und ist das heißeste Baby der Achterbahntechnologie. Aber auch andere *rollercoaster* mit Namen wie *Colossus* oder *Ninja* lassen einem die Haare zu Berge stehen. Nebenan liegt *Hurricane Harbor*, ein tropischer Wasserpark mit 23 Superrutschen. Badezeug mitbringen! *Im Sommer tgl. ab 10 Uhr, Eintritt Magic Mountain 48 $, Kinder 30 $, Hurricane Harbor 24 $, Kinder 17 $; Valencia, I-5 Freeway, Exit Magic Mountain Parkway, www.sixflags.com*

DER SÜDEN

Legoland California **[124 C5–6]**
Der Bausteinklassiker ist nun auch in Kalifornien vertreten: Hier kann man das Miniland USA besuchen oder auf Safari durch einen Legodschungel gehen. Ein Superspaß – vor allem für kleinere Kinder. *Im Sommer tgl. meist 10–20 Uhr, sonst Do–Mo 10–17 Uhr, Eintritt 45 $, Kinder 38 $, Carlsbad, Freeway I-5, Cannon Rd. Exit, www.lego.com*

Angesagt!

Was Sie wissen sollten über Trends, die Szene und Kuriositäten in Kalifornien

Cruising

In Kultfilmen wie *American Graffiti* von George Lucas wurde das Freitagabendvergnügen der Teenies in den 1960er-Jahren verherrlicht. Bei lauter Rock 'n' Roll Music die Hauptstraße auf und ab zu fahren war damals cool – und ist es heute wieder. Der Hollywood Boulevard in L. A., die State Street in Santa

Barbara oder der Palm Canyon Drive in Palm Springs zählen zu den heißen Meilen der Szene. Heute wie damals wollen die Jungs in ihren chromblitzenden Karossen den Mädels imponieren.

Snowshoeing

Strand und Sonne sind alltäglich für die Kids in Kalifornien. Sie wollen Abwechslung. Nur so lässt sich der neueste Trend erklären: Schneeschuhwandern ist in. In der Sierra Nevada fällt von Oktober bis Mai reichlich Schnee, und mit der Clique ein Wochenende in den Bergen zu verbringen ist absolut cool. Pluspunkte: Mit Schneeschuhen darf man auch abseits der Pisten und in den Nationalparks rumlaufen – und außerdem macht das breitbeinige Laufen wie mit untergeschnallten Tennisschlägern einen Heidenspaß.

Säfte und Sojamilch

Alkohol macht dick. Und die fitnessverrückten Kalifornier wollen natürlich schlank sein. Deshalb werden viele Cocktails jetzt *virgin* – ohne Alkohol – getrunken. Wer noch keine 21 ist, darf ohnehin nicht in die Bars. Also trifft man sich in Juice Bars, wo exotische Obstdrinks gemixt werden. Ebenfalls im Trend: *soya milk*, die jetzt vielfach statt normaler Milch für Cappuccino verwendet wird.

Musiktrend

Die 1970er-Jahre sind noch in, aber die Musik der 80er-Jahre ist schon im Kommen. Bee Gees und Village People hört man derzeit auf immer mehr Partys und im Radio. Beliebt ist außerdem Rap.

Von Anreise bis Zoll

Hier finden Sie kurz gefasst die wichtigsten Adressen und Informationen für Ihre Kalifornien-Reise

ANREISE

Lufthansa fliegt nonstop von Frankfurt und München jeweils nach San Francisco und nach Los Angeles. Flugdauer: rund elf Stunden. Der Preis liegt je nach Saison zwischen 550 und 1150 Euro. Bei den meisten anderen Verbindungen muss man an den Hauptknotenpunkten der Fluggesellschaften umsteigen.

Los Angeles

Flüge aus Europa und von der Ostküste der USA landen auf dem *Los Angeles International Airport (LAX).* L. A. ist ohne Auto kaum zu erschließen. Die Busse der Mietwagenfirmen fahren vor der Gepäckausgabe ab und bringen die Kunden zu den Anmietstationen außerhalb des Flughafengeländes. Die beste Busverbindung in die Stadt: *Super-Shuttle,* deren Kleinbusse als Sammeltaxi zu allen gewünschten Adressen der Stadt fahren (Preise ca. 20–40 $). Um am Terminal abgeholt zu werden, ruft man über eines der firmeneigenen Spezialtelefone *(Courtesy Phones)* an. Einstieg: Verkehrsinsel vor dem Gebäude. Auch Hotels in Flughafennähe besitzen *Courtesy Phones* und einen eigenen Abholdienst. Die Fahrt mit dem Taxi ist teuer. Vor dem Einsteigen einen Festpreis *(Flat Fee)* vereinbaren! Anhaltspunkt: Die Fahrt nach Hollywood kostet mindestens 30 $.

San Francisco

Flüge aus Europa und von der Ostküste landen auf dem *San Francisco International Airport (SFO).* Wegen der Nähe zur Stadt und der mangelnden (und teuren) Parkmöglichkeiten ist es ratsam, einen Wagen erst anzumieten, wenn man Ausflüge machen oder weiterreisen will.

Bus nach Downtown: Der *SFO Airporter* hält ca. alle 20 Minuten an den Shuttle-Bus-Pick-Up-Stationen vor den drei Terminals und fährt sechs Hotels in Nähe des Union Square an (14 $). Der *Super-Shuttle*-Kleinbus-Service verbindet den Flughafen mit jedem gewünschten Ziel innerhalb des Stadtgebietes von San Francisco (13 bis 20 $). Man bestellt die Fahrt am *Courtesy Phone* in der Ankunftshalle. Das Taxi nach Downtown kostet ca. 35 $. U-Bahn-Verbindung ca. 5 $, jedoch umständlich mit Gepäck.

AUSKUNFT VOR DER REISE

Touristikdienst Truber
Schwarzwaldstraße 13, 63811 Stockstadt, Tel. 06027/40 11 08, Kostenbeitrag 7 Euro für Prospektmaterial

AUSKUNFT IN KALIFORNIEN

Selbst in kleineren Orten halten *Visitor Centers* Infomaterial für die Region bereit. Bei der Anreise per Auto geben gut ausgestattete *Welcome Centers* in den Großstädten und nahe der Staatsgrenzen Auskunft. *www.visitcwc.com*

AUTO

Straßen sind in den USA eingeteilt in *County Routes, State-* und *US-Highways* bis zu *Interstate*-Autobahnen, von denen einige gebührenpflichtig sind. Die Höchstgeschwindigkeiten liegen zwischen 55 Meilen/h (88 km/h) und 70 Meilen/h (112 km/h). Verkehrsregeln und -zeichen in den USA entsprechen weit gehend den deutschen. Besonderheiten: An Kreuzungen darf man bei Rot rechts abbiegen; der *3-way-* oder *4-way-stop*, eine Kreuzung mit Stoppzeichen aus allen Richtungen, regelt die Vorfahrt nach dem Prinzip: Wer zuerst kommt, fährt zuerst (in der Reihenfolge der Ankunft an der Stopplinie); auf mehrspurigen Straßen ist Rechtsüberholen gestattet; halten Schulbusse am Straßenrand mit Warnblinklicht, muss der Verkehr in beiden Richtungen stoppen. Bei Pannen hilft die *AAA (American Automobile Association)*. Für Mitglieder des *ADAC, TCS* und *ÖATC* mit Mitgliedsausweis ist der Service *(Tel. 800/222-43 57)* kostenlos.

CAMPING/ JUGENDHERBERGEN

Die schönsten Campingplätze Kaliforniens liegen in den State Parks. Reservierungen sind möglich *(Gebühr: 7,50 $)* über *Reserve America (Tel. 800/444-72 75, www.reserveamerica.com)*. Ein Verzeichnis schickt das *Department of Parks and Recreation (1416 Ninth St., Sacramento, Ca. 95814, Tel. 916/653-69 95, www.parks.ca.gov)*.

Betten in *AYH Youth Hostels* sollten im Voraus reserviert werden. Die Häuser liegen häufig an ausgesprochen malerischen Orten. Auch für Familien zu empfehlen. Verzeichnis im Buchhandel oder unter *www.hiusa.org.*

DIPLOMATISCHE VERTRETUNGEN

Generalkonsulate der Bundesrepublik Deutschland

1960 Jackson St., San Francisco, Tel. 415/775-10 61

6222 Wilshire Blvd., Suite 500, Los Angeles, Tel. 323/930-27 03

Schweizer Generalkonsulate

456 Montgomery St., Suite 1500, San Francisco, Tel. 415/788-22 72

11766 Wilshire Blvd. Suite 1400, Los Angeles, Tel. 310/575-11 45

Konsulat und Generalkonsulat der Republik Österreich

220 Montgomery St., Suite 931, San Francisco, Tel. 415/951-89 11

11859 Wilshire Blvd., Suite 501, Los Angeles, Tel. 310/444-93 10

EINREISE

Für Deutsch, Schweizer und Österreicher ist für eine Geschäfts- oder Urlaubsreise bis zu drei Monaten Dauer kein Visum nötig. Erforderlich dafür ist jedoch der rote, maschinenlesbare Europa-Reisepass. Für neu ausgestellte Pässe sind ab Ende Oktober 2005 auch biometrische Daten vorgeschrieben, sonst ist ein Visum erforderlich. Detaillierte Auskünfte auch unter *www.dhs.gov.*

FKK

Amerika ist prüde. Öffentliches Nacktbaden wurde verboten. Es gibt nur wenige FKK-Strände im Besitz privater Vereinigungen.

GESUNDHEIT

Die Notaufnahmeabteilungen der Krankenhäuser, mit *Emergency Room* außen deutlich beschildert, helfen bei akuten Notfällen weiter. Übliche Praxis: Das Personal verlangt vor der Behandlung nach einer Kreditkarte. Die meisten akzeptieren Mastercard und Visa. Schließen Sie in jedem Fall eine Reisekrankenversicherung ab.

INLANDSREISEVERKEHR

Die Eisenbahngesellschaft Amtrak bietet einen *California Rail Pass (www.amtrak.com). Greyhound* ist die Überlandbuslinie mit dem dichtesten Netz. Auskünfte erteilen die Reisebüros.

INTERNET

Als Geburtsland des Internets ist Kalifornien natürlich perfekt vernetzt. Internetzugang im Hotel kostet meist ab 10 $ pro Tag, günstiger ist zum Abfragen der Mail mit 1–2 $ pro 10 Minuten die Nutzung der Web-Computer in Coffeeshops oder Bürobedarfsläden wie *Kinko's.* Für Kalifornien interessante Websites:

€	US$
1	1,12
2	2,24
3	3,36
4	4,48
5	5,60
6	6,72
7	7,84
8	8,96
9	10,08

US$	€
10	8,92
20	17,84
30	26,76
40	35,68
50	44,60
60	53,52
70	62,44
80	71,36
90	80,28

www.visitcalifornia.com
www.usa.de
www.parks.ca.gov
www.surfline.com
www.sfvisitor.org
www.lacvb.com
www.info-kalifornien.de

KLIMA

Die Sommer in Kalifornien sind trocken. Der Winter bringt den ersehnten Regen und in höheren Lagen Schnee. In San Francisco sind die Hochsommermonate wegen des häufigen Nebels kühler als die angenehmeren Monate Mai/Juni und September. Am wärmsten ist der September, wenn die Quecksilbersäule auf über 20 Grad ansteigt. Das mildere Südkalifornien verzeichnet im Winter Spitzentemperaturen zwischen 10 und 18 Grad, von Juli bis September 23 Grad und mehr. Extremwerte in der Wüste: bis 50 Grad.

MASSE & GEWICHTE

1 inch = 2,54 cm
1 foot = 30,48 cm
1 yard = 91,44 cm
1 mile = 1,6 km
1 acre = 4 000 m²
1 pint = 0,47 l
1 gallon = 3,79 l
1 pound = 453,6 g

Temperaturen lassen sich so umrechnen: Fahrenheit minus 32 mal 5 dividiert durch 9 ergibt Celsius. Das bedeutet: 0 °C = 32 °F, 10 °C = 50 °F, 20 °C = 68 °F, 30 °C = 86 °F, 40 °C = 104 °F

Kleidergrößen: Bei der Damenkonfektion entspricht US-Größe 4 der deutschen 34, 6 = 36, 8 = 38, 10 = 40, 12 = 42, 14 = 44. Bei den Herren ist die US-Größe: 36 = 46, 38 = 48, 40 = 50, 42 = 52, 44 = 54

MIETWAGEN

PKW

Mietwagen sind erfahrungsgemäß am preisgünstigsten, wenn man sie von Deutschland aus reserviert. Zudem sind dann Einwegmieten meist ohne Aufpreis möglich. Ein Preisvergleich lohnt sich. Niederlassungen der Autovermieter befinden sich an allen großen Flughäfen. Angebote zu Mietwagen finden Sie auch unter *www.marcopolo.de.*

Wohnmobil

Reservieren Sie rechtzeitig, am besten schon von Deutschland aus. Doch auch kurzfristig gibt es noch Wohnmobile. *El Monte RV Rentals* mit Filialen außerhalb von Los Angeles und San Francisco bietet *RVs (Recreation Vehicle)* von 700 $ pro Woche an aufwärts. Nebensaisonpreise liegen teils 40 Prozent niedriger. Buchung über die Reisebüros.

NOTRUF

911 ist die Notrufnummer für Polizei und medizinische Notfälle, von Münzfernsprechern kostenlos.

POST

Postämter sind Mo–Fr 9–17 Uhr, manche auch Sa 9–12 Uhr geöffnet. Briefmarken gibt es u. a. in *drugstores*. Porto: Luftpostbrief 20 g in die EU: 80 Cent, Luftpostkarte: 70 Cent.

PREISE & WÄHRUNG

US-Banken (geöffnet von montags bis donnerstags 10–15 Uhr, freitags 10–17 Uhr) arbeiten meist nicht als Wechselstuben. Sie lösen allerdings Reiseschecks ein und zahlen Bargeld an Kreditkarteninhaber aus. Bei der Ankunft sollte man Kleingeld bei sich haben, um Gepäckträger, Taxi oder Bus bezahlen zu können.

1 Dollar = 100 Cent. Scheine *(bills)* gibt es in den Werten 1, 5, 10, 20, 100 Dollar. Münzen *(coins)* gibt es in den Werten: *penny* (1 Cent), *nickel* (5 Cent), *dime* (10 Cent), *quarter* (25 Cent), *buck* (1 Dollar). Populärstes Zahlungsmittel: Kreditkarten (American Express, Eurocard/Mastercard, Visa). Reiseschecks werden überall akzeptiert, und man bekommt Bares als Wechselgeld zurück. Ebenfalls möglich: Bargeldabhebung vom Geldautomaten per EC-Karte.

STEUER

Die Verkaufssteuer in ganz Kalifornien beträgt 7,25 Prozent. Achtung: Diese *sales tax* wird erst an der Kasse hinzugerechnet, ist also auf Speisekarten und Preisschildern noch nicht berücksichtigt. Im Hotel wird teils eine Übernachtungssteuer von einigen Prozent aufgeschlagen.

Was kostet wie viel?

Soft Drink	**1–3 Euro** für 1 Flasche Cola
Bier	**3–5 Euro** für 1 Glas in der Bar
Snack	**4,50–6 Euro** für ein *chicken wrap* am Imbissstand
Jeans	**45 Euro** für eine Levi's
Benzin	**1,80 Euro** pro *gallon* (3,78 l) bleifreies Benzin
Taxi	**2 Euro** pro Meile

STROM

110 Volt/60 Hertz. Kleingeräte (Föhn, Rasierapparat) funktionieren auch mit dieser Spannung. Man benötigt jedoch Adapter für die Steckdosen.

TELEFON & HANDY

In öffentlichen Telefonzellen kostet ein Gespräch 25–50 Cent. Hotels verlangen bis zu 1 $ und mehr für eine Einheit. Ferngespräche inneramerikanisch: vor der Vorwahl *(area code)* die Ziffer 1. Der Operator (man wählt die Nummer 0) hilft beim R-Gespräch *(collect call*, nur innerhalb USA) und bei allen Fragen. Gebührenfrei: alle Nummern mit den Vorwahlen 800, 888, 866 und 877. Mietwagenfirmen, Fluggesellschaften und Hotelketten bieten diesen Service für Reservierungen an.

Vorwahl aus den USA nach Deutschland: 011-49, Österreich: 011-43, Schweiz: 011-41; danach die Ortsnetzkennzahl ohne 0 und die Nummer.

Tri-Band-Handys funktionieren auch in Kalifornien – aber gegen Aufpreis von bis zu 2 Euro je Minute. Weit preiswerter sind für Anrufe von Telefonzellen oder im Hotel die an Kiosken und in kleinen Märkten erhältlichen *prepaid phone cards.*

TRINKGELD

In den Restaurantpreisen ist kein Bedienungsgeld enthalten. Kellner bekommen daher 15 Prozent Trinkgeld *(tip)* vom Endpreis. In Hotels rechnen die Gepäckträger *(bell boys)* mit mindestens 1 $ pro Gepäckstück. Und vergessen Sie das Zimmermädchen nicht!

ZEIT

Pacific Standard Time (PST): Mitteleuropäische Zeit (MEZ) minus neun Stunden. Wie in Europa gibt es auch in den USA eine Sommerzeit. Sie beginnt dort am ersten Sonntag im April und endet am letzten Sonntag im Oktober.

ZOLL

Zollfrei sind die persönliche Ausrüstung, 200 Zigaretten, 1 l Spirituosen und Geschenke im Wert bis 400 $. Die Einfuhr von Lebensmitteln ist beschränkt (keine Wurst, frisches Obst oder frische pflanzliche Produkte). Zurück in die EU darf man zollfrei einführen: 1 l Spirituosen oder 2 l Wein, 200 Zigaretten, 50 g Parfüm und sonstige Waren im Wert von 175 Euro.

Wetter in San Francisco

	Jan.	Feb.	März	April	Mai	Juni	Juli	Aug.	Sept.	Okt.	Nov.	Dez.
Tagestemperaturen in °C	13	15	16	17	17	18	18	18	20	20	18	14
Nachttemperaturen in °C	7	8	9	10	11	12	12	12	13	12	10	8
Sonnenschein Std./Tag	5	7	8	9	10	11	9	8	9	8	6	5
Niederschlag Tage/Monat	8	7	8	6	2	1	0	0	0	2	7	8
Wassertemperaturen in °C	11	11	12	12	13	14	15	15	16	15	13	11

Do you speak American English?

»Sprichst du Englisch?«
Dieser Sprachführer hilft Ihnen, die wichtigsten Wörter und Sätze auf Englisch zu sagen

Zur Erleichterung der Aussprache sind alle englischen Begriffe und Wendungen mit einer einfachen Aussprache (in eckigen Klammern) versehen. Folgende Zeichen sind Sonderzeichen:

ə	nur angedeutetes »e« wie in bitte
θ	[s] gesprochen mit der Zungenspitze zwischen den Zähnen
’	die nachfolgende Silbe wird betont

AUF EINEN BLICK

Ja./Nein.	Yes. [jäs]/Yeah. [jie]/No. [no]
Vielleicht.	Perhaps. [pö’häps]/Maybe. [’mäibih]
Bitte.	Please. [plihs]
Danke.	Thank you. [’θänkju]
Vielen Dank!	Thank you very much. [’θänkju ’wäri ’matsch]
Gern geschehen.	You’re welcome. [jər ’wälkəm]
Entschuldigung!	Excuse-me! [iks’kjuhs ’mih]
Wie bitte?	Pardon? [’paərdn]
Ich verstehe Sie/dich nicht.	I don’t understand. [ai dont andö’ständ]
Ich spreche nur wenig …	I only speak a little … [ai ’onli spihk ə litl]
Können Sie mir bitte helfen?	Can you help me, please? [’kən ju ’hälp mi plihs]
Ich möchte …	I’d like … [aid’laik]
Das gefällt mir (nicht).	I (don’t) like this. [ai (dont) laik‿θis]
Haben Sie …?	Do you have …? [du ju ’häw]
Wie viel kostet es?	How much is this? [’hau’matsch is θis]
Wie viel Uhr ist es?	What time is it? [wət ’taim is it]

KENNENLERNEN

Guten Morgen!	Good morning! [gud ’moərning]
Guten Tag!	Good afternoon! [gud äftö’nuhn]
Guten Abend!	Good evening! [gud ’ihwning]

Hallo! Grüß dich!	Hello! [hə'lo]/Hi! [hai]
Mein Name ist …	My name's … [mai näims …]
Wie ist Ihr/Dein Name?	What's your name? [wots joər 'näim]
Wie geht es Ihnen/dir?	How are you? [haur'ju]
Danke. Und Ihnen/dir?	Fine thanks. And you? ['fain θänks, ənd 'ju]
Auf Wiedersehen!	Goodbye!/Bye-bye! [gud'bai/bai'bai]
Tschüss!	See you!/Bye! [sih ju/bai]
Bis bald!	See you later! [sih ju 'lätər]
Bis morgen!	See you tomorrow! [sih ju tə'məro]

UNTERWEGS

Auskunft

links/rechts	left [läft]/right [rait]
geradeaus	straight ahead [sträit 'əhäd]
nah/weit	near [niər]/far [faər]
Bitte, wo ist …	Excuse me, where's …, please? [iks'kjuhs 'mih 'weərs … plihs]
… der (Bus-) Bahnhof?	… the train/bus station … [θə'träən/bass 'stäischn]
… die U-Bahn?	… the subway … [θə 'sabwä]
… der Flughafen?	… the airport … [θə 'erpoht]
Wie weit ist das?	How far is it? ['hau 'far‿is‿it]
Ich möchte ein Auto mieten.	I'd like to rent a car. [aid'laik tə 'ränt ə 'kaər]

Auto

Ich habe eine Panne.	My car's broken down. [mai 'kaərs 'brokn 'daun]
Gibt es hier in der Nähe eine Werkstatt?	Is there a service station nearby? ['is θeə‿ə 'söəwis stäischn 'nirbai]
Wo ist die nächste Tankstelle?	Where's the nearest gas station? ['weəs θə 'niərist 'gäs stäischn]
Ich möchte … Liter/Gallonen [3,7l] …	… liters/gallons of … ['lihtərs/gäləns əw]
… Normalbenzin.	… regular, [regjulər]
… Super.	… premium, [primium]
… Diesel.	… diesel, ['dihsl]
… bleifrei/verbleit.	… unleaded/leaded, please. [an'lädid/'lädid plihs]
Voll tanken, bitte.	Full, please. ['full plihs]

Unfall

Hilfe!	Help! [hälp]
Achtung!	Attention! [ə 'tänschn]
Vorsicht!	Look out! ['luk 'aut]

Rufen Sie bitte …	Please call … ['plihs 'kahll]
… einen Krankenwagen.	… an ambulance. [ən 'ämbjuləns]
… die Polizei.	… the police. [θə pə'lihs]
Es war meine Schuld.	It was my fault. [it wəs 'mai 'fahllt]
Es war Ihre Schuld.	It was your fault. [it wəs 'johər 'fahllt]
Geben Sie mir bitte Ihren Namen und Ihre Anschrift.	Please give me your name and address. [plihs giw mi joər 'näim ənd ə'dräs]

ESSEN/UNTERHALTUNG

Wo gibt es hier ein gutes Restaurant?	Is there a good restaurant here? ['is θeər ə 'gud 'rästərahnt 'hiər]
Reservieren Sie uns bitte für heute Abend einen Tisch für vier Personen.	Would you reserve us a table for four for this evening, please? ['wud ju ri'söhw əs ə 'täibl fə 'fohr fə θis 'ihwning plihs]
Auf Ihr Wohl!	Cheers! [tschiərs]
Bezahlen, bitte.	Could I have the check, please? ['kud ai häw θə tschek plihs]
Wo sind bitte die Toiletten?	Where are the restrooms, please? ['weərə θə 'restruhms plihs]

EINKAUFEN

Wo finde ich …	Where can I find … ['weər 'kən‿ai 'faind]
… eine Apotheke?	… a pharmacy? [ə farməssi]
… eine Bäckerei?	… a bakery? [ə bəikəri]
… ein Kaufhaus?	… a department store? [ə di'partmənt stoər]
… ein Lebensmittelgeschäft?	… a supermarket/grocery store? [ə 'supər 'mahrkət/grosri stoər]

ÜBERNACHTUNG

Können Sie mir bitte … empfehlen?	Could you recommend …, please? [kud ju ,räkə'mänd … plihs]
… ein Hotel/Motel …	… a hotel/motel …[ə ho'täl/mou'təl]
… eine Pension …	… a B&B (bed & breakfast) … [ə bin bi (bed‿n 'bräkfəst)]
Ich habe bei Ihnen ein Zimmer reserviert.	I've reserved a room. [aiw ri'söhwd‿ə 'ruhm]
Haben Sie noch …	Do you have … [du ju häw]
… ein Einzelzimmer?	… a room for one? [ə ruhm fə wan]
… ein Doppelzimmer?	… a room for two? [ə ruhm fə tu]
… mit Dusche/Bad?	… with a shower/bath? [wiθ ə 'schauər/'bähθ]
Was kostet das Zimmer mit Frühstück?	How much is the room with breakfast? ['hau 'matsch is θə ruhm wiθ 'bräkfəst]

PRAKTISCHE INFORMATIONEN

Arzt

Können Sie mir einen guten Arzt empfehlen?	Can you recommend a good doctor? [kən ju räkə'mänd ə gud 'daktər]
Ich brauche einen Zahnarzt.	I need a dentist. [ai nied ə 'dentist]
Ich habe hier Schmerzen.	I feel some pain here. [ai fihl səm päin 'hiər]
Ich habe Fieber.	I've got a temperature. [aiw got ə 'tämpritschə]
Rezept	prescription [prə'skripschn]
Spritze	injection/shot [in'dschekschn/schat]

Bank

Wo ist hier bitte eine Bank?	Where's the nearest bank? [weərs θə 'niərist bänk]
Bankautomat	ATM machine [-äitiem maschin]
Ich möchte … Euro (Schweizer Franken) in Dollar wechseln.	I'd like to change … Euro (Swiss francs) into dollars. [aid laik tə tschäinsch … juro ('swis 'fränks) 'intə 'dahllərs]

Post

Was kostet …	How much is … ['hau 'matsch is]
… ein Brief …	… a letter … [ə 'lädər]
… eine Postkarte …	… a postcard … [ə postkahrd]
… nach Europa?	… to Europe? [tə 'juroup]

ZAHLEN

0	zero [siəro]	15	fifteen ['fif'tihn]	70	seventy ['säwnti]
1	one [wan]	16	sixteen ['siks'tihn]	80	eighty ['äiti]
2	two [tuh]	17	seventeen ['säwn'tihn]	90	ninety ['nainti]
3	three [θrih]	18	eighteen ['äi'tihn]	100	a (one) hundred ['ə (wan) 'handrəd]
4	four [fohr]	19	nineteen ['nain'tihn]	1000	a (one) thousand ['ə (wan) 'θausənd]
5	five [faiw]	20	twenty ['twänti]	10000	ten thousand ['tän 'θausənd]
6	six [siks]	21	twenty-one ['twänti'wan]	1/2	a half [ə 'hähf]
7	seven ['säwn]	30	thirty ['θöhti]	1/4	a (one) quarter ['ə (wan) 'kwohrtər]
8	eight [äit]	40	forty ['fohrti]		
9	nine [nain]	50	fifty ['fifti]		
10	ten [tän]	60	sixty ['siksti]		
11	eleven [i'läwn]				
12	twelve [twälw]				
13	thirteen [θöh'tihn]				
14	fourteen ['foh'tihn]				

Reiseatlas Kalifornien

Die Seiteneinteilung für den Reiseatlas finden Sie auf dem hinteren Umschlag dieses Reiseführers

A B C

Kartenlegende Reiseatlas

Autobahn, mehrspurige Straße - in Bau Highway, multilane divided road - under construction		Autoroute, route à plusieurs voies - en construction Autopista, carretera de más carriles - en construcción
Gebührenpflichtige Straße - in Bau Toll road - under construction		Route à péage - en construction Carretera de peaje - en construcción
Fernverkehrsstraße - in Bau Trunk road - under construction		Route à grande circulation - en construction Ruta de larga distancia - en construcción
Hauptstraße Principal highway		Route principale Carretera principal
Nebenstraße Secondary road		Route secondaire Carretera secundaria
Fahrweg, Piste Practicable road, track		Chemin carrossable, piste Camino vecinal, pista
Straßennummerierung Road numbering	1 48 1 26 26	Numérotage des routes Numeración de carreteras
Entfernungen in mi. (USA), in km (CDN) Distances in mi. (USA), in km (CDN)	259 130 129	Distances en mi. (USA), en km (CDN) Distancias en mi. (USA), en km (CDN)
Höhe in Meter - Pass Height in meters - Pass	1365	Altitude en mètres - Col Altura en metros - Puerto de montaña
Eisenbahn - Eisenbahnfähre Railway - Railway ferry		Chemin-de-fer - Ferry-boat Ferrocarril - Línea marítima
Autofähre - Schifffahrtslinie Car ferry - Shipping route		Bac autos - Ligne maritime Transportador de automóviles - Ferrocarriles
Wichtiger internationaler Flughafen - Flughafen Major international airport - Airport		Aéroport importante international - Aéroport Aeropuerto importante internacional - Aeropuerto
Internationale Grenze - Provinzgrenze International boundary - Province boundary		Frontièr nationale - Limite ou de província Frontera nacional - Frontera provincial
Unbestimmte Grenze Undefined boundary		Frontièr d'Etat non définie Frontera indeterminada
Zeitzonengrenze Time zone boundary	-4h Greenwich Time -3h Greenwich Time	Limite de fuseau horaire Límite del huso horario
Hauptstadt eines souveränen Staates National capital	WASHINGTON	Capitale nationale Capital de un estado soberano
Hauptstadt eines Bundesstaates Federal capital	BOSTON	Capitale d'un état fédéral Capital de estado
Sperrgebiet Restricted area		Zone interdite Zona prohibida
Indianerreservat - Nationalpark Indian reservation - National park		Réserve d'indiens - Parc national Reserva de indios - Parque nacional
Antikes Baudenkmal Ancient monument		Monuments antiques Yacimiento arqueológico
Sehenswertes Kulturdenkmal Interesting cultural monument	Fort Kent	Monument culturel intéressant Monumento cultural de interés
Sehenswertes Naturdenkmal Interesting natural monument	Niagara Falls	Monument naturel intéressant Monumento natural de interés
Brunnen Well		Puits Pozo
Ausflüge & Touren Excursions & tours		Excursions & tours Excursiones & rutas

A
B
C
1
2
3
4
5
6
Brookings
Oregon Caves Nat. Mon.
Copper
Siskiyou
Worden
Hazelview Summit (637)
Collier Tunnel
2054
(1313)
Copco
Dorris
Smith River
Gasquet
Klamath River Lodge
Hilt
Klamath Rv.
Lower Klamath N.W.R.
Pt. St. George
Siskiyou Mts.
2228
Happy Camp
Hamburg
Yreka
2371
Mt. Hebron
Crescent City
Clear Creek
Ft. Jones
Grenada
Bray
Redwood N.P.
Klamath
2530
Greenview
Cougar
Yurok Ind. Res.
Somes Bar
2230
Gazelle
Mt. Shasta
4317
Weed
Johnsons
Mountains
1984
Orick
Klamath Riv.
Forks of Salmon
Callahan
2751
Mt.Shasta
Bar
Weitchpec
McCloud
Dunsmuir
1906
Castella
Hoopa Valley Ind.Res.
Cecilville
Trinidad
Hoopa
Thompson Pk.
2744
Trinity Center
Big Bend
Whiskeytown
Lake Shasta
Willow Creek
3560
Lakehead
Shasta L.
Burne
Arcata
Eureka
Blue Lake
1667
Burnt Ranch
Shasta-Trinity W.A.
Clair Engle L.
Caverns
Round Mountain
Humboldt B.
Mad Riv.
South Fork Trinity Riv.
Trinity Riv.
Big Bar
1416
Central Valley
Loleta
Douglas City
Weaverville
Ferndale
Fortuna
(979)
Redding
Shingletown
C. Mendocino
Rio Dell
Scotia
Bridgeville
(1113)
Forest Glen
Petrolia
Eel Riv.
Cottonwood
Humboldt Redwoods State Park
Platina
Paynes Creek
Weott
1246
Zenia
2364
Red Bluff
Avenue of the Giants
Sacramento Riv.
Garberville
Mt. Lynn
2466
Los Molinos
Shelter Cove
Richardson Grove State Park
2023
Corning
Leggett
Round Valley Ind.Res.
Paskenta
Hamilton City
Covelo
(1524)
Mendocino Pass
2270
Orland
Chico
Laytonville
Dos Rios
Chrome
Westport
591
337
Longvale
Elk Cr.
Tehama-Colusa-Can.
Butte
Fort Bragg
(2094)
Willows
Noyo
Willits
Snow Mt.
2151
Stonyford
Codora
Princeton
Mendocino
(423)
Ridgewood Summit
Redwood Valley
Gridle
Albion
Lodoga
Maxwell
645
Navarro
Colusa
Ukiah
Upper Lake
Williams
Yuba
Philo
Russian Riv.
Lucerne
Clear
Boonville
Arbuckle
Pt. Arena
Hopland
Clearlake
Dunnigan
Lower Lake
Guinda
Adams
Gualala
Cloverdale
Geyserville
Whispering Pines
Middletown
Esparto
Stewarts Point
Calistoga
Woodla
2595
Winters
Guerneville
Jenner
Sta. Rosa
Vacaville
PACIFIC
Feestone
Sebastopol
Dix
Yountville
Bodega Bay
Napa
88
Fairfield
Tomales B.
OCEAN
Sonoma
Petaluma
Point Reyes Nat. Seashore
Rio Vista
Vallejo
25 mi
50 km
40
Novato
S. Pablo B.
Benicia
Pitts
Pt. Reyes
Drakes B.
S.Anselmo
Richmond
El Cerrito
CONC
Sausalito
Walnut
Golden Gate Bridge
BERKELEY
SAN FRANCISCO
OAKLAND
Coast Ranges
Sacramento Valley
Klamath
Sierra

Oregon
D
E
F
1
2
3
4
5
6
Nevada
Sierra Nevada
Warner Mts
Black Rock Desert
Smoke Creek Desert
Trinity Range
Langell Valley
Tulelake
Clear Lake Res.
Clear L. N.W.R.
Goose L.
New Pine Creek
Willow Ranch
Fandango Pass (1659)
Davis Creek
Perez
2378
Cedar Pass (1935)
Alturas
Cedarville
Canby
(1581)
Pit Riv.
Upper L.
Middle Alkali L.
Lower L.
Vya
Eagleville
Likely
Sage Hen Summit
(1693)
Madeline
Day
Lookout
Adin
Bieber
Nubieber
Fall River Mills
2242
2423
Ravendale
Eagle Lake
Old Station
Lassen Volcanic Nat.Park
Merrillville
(1667)
Susanville
Litchfield
Fredonyer Summit
(1751)
Westwood
(1505)
Almanor
Engelmine
Honey L.
Milford
Greenville
Belden
Indian Falls
2552
Doyle
Keddie
Portola
Beckwourth Pass (1588)
Chilcoot
Jarbo Pass (710)
Blairsden
Oroville Res.
Feather Falls
La Porte
Downieville
2617
(2042) Yuba Pass
Sierraville
Loyalton
Malakoff Diggins S.H.P.
2787
Nevada City
Grass Valley
(2355) Donner Pass
Emigrant Gap
Truckee
Tahoe City
L. Tahoe
501
A.F.B.
Colfax
Wheatland
Wentworth Sprs.
Rubicon Riv.
Lincoln
Newcastle
Auburn
Georgetown
Pacific House
Little Norway
Luther Pass
(2359)
Citrus Heights
Coloma
Placerville
Carmichael
Rancho Cordova
Somerset
SACRAMENTO
Florin
Plymouth
Michigan Bar
Drytown
Pioneer
Elk Grove
Sutter Creek
Jackson
Jone
Clay
Galt
Mokelumne Hill
San Andreas
Lockeford
Mokelumne Aqueduct
Valley Sprs.
Arnold
Lodi
Angels Camp
Douglas Flat
Bellota
Tuttle Town
Sonora
Linden
Farmington
Jamestown
Stockton
Manteca
Escalon
Oakdale
Riverbank
Keystone
Tuolumne
Stanislaus Riv.
Tuolumne
Hetchy
Aqueduct
Bear Valley
Strawberry
Long Barn
Markleeville
Woodfords
(2534) Monitor Pass
3055
Sonora Pass (2933)
3528
3602
Yosemite Nat.Park
Yosemite Village
Denio
Denio Junction
(1865)
(1476)
Sheldon National Wildlife Refuge
2896
Summit Lake Ind. Res.
Quinn Riv.
Pahute Pk. 2627
2760
Sulphur
Gerlach
Kumiva Pk. 2507
Pyramid Lake Ind. Res.
Pyramid L. 1159
2491
Winnemucca L.
Eagle Picher Mine
Rye
Sutcliffe
Nixon
Carson Sink
Wadsworth
Sparks
Fernley
Hazen
Stillwater
Fallon
RENO (1371)
Virginia City
Silver Sprs.
Danger Area
Lahontan Res.
Dayton
Wabuska
Carson City
Glenbrook
Genoa
Walker River
Yerington
Schurz Ind. Res.
Mason
Gardnerville
Sth. Lake Tahoe
Walker Riv.
Walker L.
Wellington
Topaz Lake
Topaz
Mt. Grant 3426
Babbitt
Sonora Jct.
(2301) Devils Gate
(2414)
Lucky Boy Pass
Bridgeport
Bodie
Mono Lake
Lee Vining
Mt.Dana
June Lake
Mt.Ritter
(2449) Deadman Summit

122

1
2
3
4
5
6
B
C
120
Vallejo
S. Pablo B.
Benicia
Novato
Richmond
S.Anselmo
Collinsville
Pittsburgh
Lodi
Stockton
El Cerrito
CONCORD
Walnut
Sausalito
BERKELEY
Manteca
SAN FRANCISCO
OAKLAND
Daly City
Hayward
Tracy
Vernalis
Pacifica
San Mateo
Union City
Liver-more
FREMONT
Redwood City
Half Moon Bay
Palo Alto
SUNNYVALE
Milpitas
San Gregorio
Pescadero
Cupertino
Saratoga
SAN JOSE
Los Gatos
Boulder Creek
Año Nuevo Pt.
Davenport
Morgan Hill
Gilroy
Aptos
Santa Cruz
Beach
Watsonville
Freedom
Monterey Bay
Hollister
Marina
Pacific Grove
Monterey
Carmel
Pt. Lobos
Salinas
Salinas Riv.
Gonzales
Soledad
Pinnacles Nat. Mon.
Greenfield
Pt. Sur
Big Sur
Nepenthe
King City
San Lucas
San Ardo
Lucia
Fort Hunter Liggett Mil.Res.
Lockwood
Alder Pk.
Bradley
San Miguel
Camp Roberts Military Res.
Hearst San Simeon S.H.M.
Nacimiento Res.
San Simeon
Paso Robles
Cambria
Templeton
Atascadero
Cayucos
Estero Bay
Morro Bay
San Luis Obispo
Pt. Buchon
Edna
Pismo Beach
Arroyo Grande
Nipomo
Guadalupe
Santa Maria
Sisquoc
Santa Lucia Bank
PACIFIC
OCEAN
Vandenberg Air Force Base
Los Alamos
La Purisima Miss. S.H.P.
Surf
Lompoc
Pt. Arguello
Santa Ynez
Solvang
Gaviota
Gaviota Pass
Sta. Ynez
Pt. Conception
Gaviota Beach
Refugio Beach
Sta.
Santa Barbara
Arguello Canyon
Channel Islan
San Miguel
Santa Rosa I.
25 mi
50 km
Diablo Range
Coast Ranges
Santa Lucia Range
San Joaquin
Calif. Aqueduct
Bellota
Linden
Farmington
Escalon
Oakdale
Riverbank
Empire
MODESTO
Turlock
Patterson
Newman
Stevinson
Atwater
Merced
Planada
San Luis N.W.R.
Chowchilla
Los Banos
S.Luis Res.
Ora Loma
Firebaugh
Berenda
Madera
Mendota
FRESN
San Luis Can.
Delta Mendota Can.
Three Rocks
Five Points
Riverda
San Benito Mtn.
Lemoore Naval Air Sta.
Huron
Coalinga
Kettleman Hills
Avenal
Parkfield
Castle Mt.
Cholame
Devils Den
Shandon
Creston
San Juan Riv.
Pozo Summit
Pozo
La Panza Range
Temblor Range
Simmler
Douglas Flat
Angels Camp
Tuttle Town
Long Barn
Sonora
Tuolumne
Jamestown
Tuolumne Riv.
Keystone
Groveland
Coulterville
La Grange
Snelling
Merced Riv.
Mt. Bullion
Mariposa

D
E
F
1
2
3
4
5
6
Nevada
Sierra Nevada
Yosemite Nat Park
Mono Lake
Lee Vining
Mt.Dana
Yosemite Village
June Lake
Deadman Summit
Mt.Ritter
Mammoth Lakes
Devils Postpile Nat. Mon.
Fish Camp
Mono Pass
Boundary Pk.
L.Crowley
Owens Riv.
Benton
Coaldale
Mt. Montgomery
Tonopah
Goldfield
Silverpeak
Dyer
White Mts.
Oasis
Lida Summit
Bishop
Westgard Pass
Big Pine
Scotty's Junction
Scotty's Castle
Ubehebe Crater
Tin Mtn.
Death Valley Nat. Park
Rhyolite Ghost Town
Daylight Pass
Lakeshore
S. Joaquin Riv.
Pine Ridge
Tollhouse
Nth. Palisade
Kings Canyon Nat. Park
Kearsarge Pass
Independence
Inyo Mts.
Saline Valley
Panamint Mts.
Pine Flat Res.
Clovis
Sanger
Reedley
Orange Cove
Orosi
Dinuba
Pinehurst
Giant Forest
Mt. Whitney
Lone Pine
Lone Pine Ind. Res.
Keeler
Owens Lake
Towne Pass
Wildrose Station
Panamint Springs
Sequoia Nat. Park
Kern Riv.
Hammond
Woodlake
Kaweah
Goshen
Visalia
Hanford
Exeter
Tulare
Lindsay
Waukena
Cartago
Olancha
Haiwee Res.
Telescope Pk.
Panamint Valley
Panamint Range
Ponderosa
Springville
Tipton
Poplar
Porterville
Pixley
Pixley Nat. Wildlife Ref.
Terra Bella
Tule River Ind. Res.
China Lake Naval Air Weapons Station
Fairview
Pine Flat
Little Lake
Allensworth
Ducor
Richgrove
Kernville
Isabella Lake
Walker Pass
Trona
China Lake
Searles Lake
Pond
Delano
McFarland
Glennville
Greenhorn Mts.
Onyx
Inyokern
Ridgecrest
Wasco
Lake Isabella
Bodfish
China Lake Naval Weapons Center
Shafter
Oildale
Breckinridge Mt.
El Paso Mts.
BAKERSFIELD
Old River
Lamont
Randsburg
Red Mountain
McKittrick
Caliente
Loraine
Cantil
Buena Vista L.
Arwin
Keene
Tehachapi Pass
Tehachapi
Tehachapi Mts.
Los Angeles Aqueduct
California City
Mojave
N. Edwards
Mojave
Four Corners
Calico Ghost Town
Barstow
Taft
Maricopa
Wheeler Ridge
Edwards
Boron
Rogers L.
Edwards Air Force Base
Lenwood
Mojave Riv.
Grapevine
Frazier Park
Lebec
Gorman
Rosamond
Mt. Pinos
Tejon Pass
Three Point
Lancaster
Antelope Valley Ind. Mus.
Helendale
Pine Mtn.
Lake Hughes
Del Sur
Palmdale
Reyes Cr.
Pine Mtn. Summit
Littlerock
Adelanto
Victorville
Lucerne Valley
Ojai
Castaic
The Oaks
Pearblossom
Apple Valley
Hesperia
Santa Paula
Piru
Six Flags
Pinon Hills
Cajon Pass
Big Bear Lake
Oak View
Fillmore
Newhall
San Gabriel Mts.
Wrightwood
Crestline
Running Springs
Ventura
Simi Valley
San Fernando
Cajon
Oxnard
Moorpark
Burbank
Pasadena
Glendora
San Bernardino
Highland
Port Hueneme
Thousand Oaks
Glendale
Alhambra
W. Covina
Ontario
Mira Loma
Redlands
Yucaipa
Santa Cruz I.
Sta. Monica Mts. Nat. Rec. Area
Topanga
Hollywood
Pomona
Chino
Riverside
Anacapa I.
Pt. Dume Beach
Malibu
Pt. Dume
Sta. Monica
Inglewood
Norwalk
Anaheim
Beaumont
Channel Islands National Park
LOS ANGELES
Torrance
Disneyland
Orange
Corona
L. Mathews
San Jacinto
Perris
123
124

A
B
C
123
1
2
3
4
5
6
Sanger
Reedley
Orange Cove
Orosi
Selma
Kingsburg
Dinuba
Goshen
Visalia
Woodlake
Hammond
Giant Forest
4211
Sequoia Nat. Park
Kaweah
Kern Riv.
Mt. Whitney
4418
Independence
Lone Pine
Lone Pine Ind. Res.
Keeler
Owens Lake
Cartago
Olancha
3695
Haiwee Res.
Death Valley
Daylight Pass
(1315)
2272
Towne Pass
(1511)
Wildrose Station
Nat. Park
Panamint Springs
Panamint Range
Panamint Valley
Telescope Pk.
3368
Death Valley
Exeter
Tulare
Waukena
Lindsay
Corcoran
Tipton
265
Poplar
Porterville
Springville
Ponderosa
2508
Pixley
Pixley Nat. Wildlife Ref.
Terra Bella
Tule River Ind. Res.
Ducor
Allensworth
Pine Flat
3041
Fairview
Little Lake
China Lake Naval Air Weapons Station
2132
2245
Richgrove
Pond
Delano
McFarland
Kernville
Greenhorn Mts.
Glennville
1110
Isabella Lake
Walker Pass
(1600)
Onyx
Lake Isabella
Bodfish
Inyokern
Ridgecrest
Trona
China Lake
Searles Lake
China Lake Naval Weapons Center
1654
Wasco
Shafter
Oildale
Breckinridge Mt.
2299
2571
El Paso Mts.
Los Angeles Aqueduct
Buttonwillow
BAKERSFIELD
Old River
Lamont
Caliente
Loraine
Randsburg
1606
Red Mountain
Cantil
Arwin
Keene
Tehachapi Pass
Tehachapi
(1156)
Tehachapi Mts.
Buena Vista L.
Taft
California City
Mojave
N. Edwards
Boron
Four Corners
Calico Ghost Town
1266
Maricopa
Wheeler Ridge
Grapevine
Frazier Park
Lebec
Gorman
Tehachapi
Edwards
Rogers L.
Edwards Air Force Base
Rosamond
Barstow
Lenwood
Mojave Riv.
Mt. Pinos
2692
2446
(1273)
Tejon Pass
Three Point
Lancaster
Antelope Valley Ind. Mus.
Helendale
Reyes Cr.
(1548)
2289
Pine Mtn. Summit
1765
Lake Hughes
Del Sur
Palmdale
Littlerock
Adelanto
Victorville
Lucerne Valley
2043
1547
Ojai
Sta. Paula
Piru
Castaic
The Oaks
Six Flags
Pearblossom
(983)
Pinon Hills
Apple Valley
Hesperia
Montecito
Oak View
Fillmore
Simi Valley
Newhall
San Gabriel Mts.
1991
(1464)
Wrightwood
Cajon Pass
(1298)
Beach
Ventura
San Fernando
3068
Cajon
Crestline
2431
Running Sprs.
Big
Moorpark
Burbank
PASADENA
Glendora
SAN BERNARDINO
Highland
Angelus
Port Hueneme
OXNARD
Thousand Oaks
GLENDALE
Alhambra
W. Covina
Ontario
Mira Loma
Redlands
Yucaipa
Sta. Monica Mts. Nat. Rec. Area
Topanga
Hollywood
Malibu
Pomona
Anacapa Is.
Pt. Dume Beach
Pt. Dume
Sta. Monica
Inglewood
Chino
RIVERSIDE
Beaumont
LOS ANGELES
Norwalk
ANAHEIM
Corona
Banning
Compton
(87)
TORRANCE
LONG BEACH
Disneyland
L. Mathews
Perris
ORANGE
STA. ANA
GARDEN GROVE
1735
Hemet
Pt. Vicente
HUNTINGTON BEACH
IRVINE
Sun City
Mission Viejo
Elsinore
Newport Beach
Rancho California
San Pedro Channel
Laguna Beach
San Juan Capistrano
Channel Islands Nat. P.
Santa Barbara I.
Dana Point
972
Pechanga Ind. Res.
Santa Catalina I.
648
San Clemente
Avalon
Camp Pendleton Marine Corps Base
Bonsall
Pala
Mission Ind. Res.
271
San Nicolas I.
Channel Islands
Gulf of
Oceanside
Vista
La Jolla Ind. Res.
651
San Pasqual Ind. Res.
Santa Catalina
Carlsbad
Escondido
Leucadia
Encinitas
Ramona
Solana Beach
Del Mar
El Capitan
U.S. Naval Res.
San Clemente I.
599
Santee
China Point
La Mesa
El Cajon
SAN DIEGO
Cabrillo Nat. Mon.
Lemon Grove
Nat. City
Chula Vista
TIJUANA
Lower
Islas Coronados
MEX
Tanner Bank
25 mi
50 km

D
E
F
1
2
3
4
5
6
Nevada
Arizona
MEXICO
Skull Mt. 1828
Nevada Test Site
Nellis Air Force Range
Mercury
Amargosa Valley
Desert
Indian Springs
Las Vegas Valley
Desert N.W.R.
2963
Moapa R. Ind. Res.
Moapa
Bunkerville
2545
Virgin Riv.
Virgin Mountains
Logandale
2458
Overton
Valley of Fire S.P.
Grand Canyon National Park
Devil's Hole Nat. Mon.
Spring Mts.
Ash Meadows Rancho
Charleston Pk. 3633
Mt. Charleston
Gass Pk. 2116
North Las Vegas
Lake Mead
1635
1755
South Cove
Death Valley Jct.
Pahrump
LAS VEGAS
(616)
Paradise
Henderson
(725)
Marina
Spring Mtn. Ranch S.P.
(723)
Hoover Dam
Lake Mead Nat. Rec. Area
Lake Mead City
Grand Cliffs
Grand Wash
Mountain Springs
2592
Goodsprings
Boulder City
McCullough Range
Housholder Pass
Shoshone
Tecopa
(1010)
(686) Ibex Pass
2232 Kingston Pk.
Jean
Nelson
1564
Dolan Springs
Red Lake
2060
Stateline
Clark Mtn. 2417
(1440)
2132
Black Mts.
Colorado Riv.
Mt. Tipton 2179
Chloride
1876
Nipton
Mountain Pass
Searchlight
Lake Mohave
Cottonwood Cove
Silver Lake
Valley Wells
Cal-Nev-Ari
Baker
1504
Cima
New York Mts. 2269
Union Pass (1097)
Davis Dam
Laughlin
Bullhead City
Kingman
Hualapai Mt. Park
2566
Soda Lake
Mojave Nat. Preserve
Sitgreaves Pass (1113)
Oatman
Hualapai Mts.
Devil's Playground
Kelso
Providence Mts.
Goffs
(793)
Fort Mojave Ind. Res.
Yucca
2225
(844)
South Pass
Needles
2012
Essex
17 Mile Ranch
Ludlow
Pisgah Crater
Lobecks Pass
Havasu N.W.R.
Topock
Crossman Pk. 1555
Amboy
Old Woman Mts.
1615
1127
Cadiz
Chemehuevi Ind. Res.
Lake Havasu City
Twentynine Palms Marine Corps Air Ground Combat Center
Bristol Lake
Havasu Lake
1250
Landers
2054
Danby Lake
Colorado River Aqueduct
Yucca Valley
Twentynine Palms
Earp
Big River
Parker
Joshua Tree
Twentynine Palms Ind. Res.
Rice
Vidal
913
Desert Hot Springs
Joshua Tree National Park
Granite Mts. 1227
Colorado River Ind. Res.
Bouse
Thousand Palms
Keys View 1665
Eagle Mountain
Midland
Palm Springs
Agua Caliente Ind. Res.
Palen Mts.
McCoy Mts.
Palen Lake
Hayfield Lake
Desert Center
Pioneer
Indio
Coachella
Palm Desert
Quartzsite
Blythe
382
1011
Valerie
Jean
Mecca
Palomar Mtn. 2657
Nicholls Warm Springs
Ripley
1373
Torres Martinez Ind. Res.
2032
Chocolate Mountains
Sonoran Desert
Signal Pk. 1472
Kofa Mts.
Palo Verde
Anza-Borrego
Bombay Beach
Milpitas Wash
Cibola N.W.R.
Yuma Proving Ground
Borrego Springs
Salton City
Salton Sea
Gunnery Range
Stone Cabin
Kofa N.W.R.
Niland
Midway Well
Colorado Desert
Calipatria
Mine 1156
Ocotillo Wells
1630
Desert S.P.
Westmorland
Picacho
Imperial N.W.R.
Martinez Lake
Naval Gunnery Ranges
Brawley
Glamis
Coachella Can.
678
Ferguson Lake
Guatay
Manzanita Ind. Res.
Holtville
Winterhaven
Plaster City
Campo Ind. Res.
El Centro
Algodones
Yuma
Roll
Ligurta
Live Oak
Ocotillo
Calexico
Wellton
Jacumba
18 de Marzo
Ciudad Morelos
Somerton
Agua Hechicero
La Rumorosa
MEXICALI
SAN LUIS RIO COLORADO
962
Barry M. Goldwater Air Force Range
Jacumé
Cerro Prieto
Santa Veronica
189

A
B
C
1
2
3
4
5
6
Sepulveda Dam Recreation Area
Van Nuys
North Hollywood
Burbank
Van Nuys Blvd.
Woodman Ave.
Canyon
Blvd.
Laurel Cyn Blvd.
Lankershim Blvd.
Vineland Ave.
Blvd.
Hollywood Fwy.
101
Ventura Freeway
170
NBC Studios
Ventura Blvd.
210
Ventura Freeway
134
Encino
Encino Reservoir
Sherman Oaks
Coldwater
Studio City
Toluca
Universal Studios
Ventura Blvd.
Hollywood
Barham Blvd.
405
Mulholland
Drive
Mulholland
Laurel
Canyon
101
Santa
Monica
Mountains
Drive
Blvd.
Mount Olympus
Skirball Cultural Ctr. & Museum
Topanga State Park
San Diego
Stone Canyon Reservoir
Beverly Glen Blvd.
Coldwater Canyon Blvd.
Lower Franklin Reservoir
Hollywood Bowl
Mann's Chin. Theater/ Walk of Fame
Hollywood
Sunset
West Hollywood
Hollyw
W. Sunset Blvd.
2
Santa
Freeway
Bel Air
U.C.L.A.
Beverly Hills
Warner Hollywood Studios
Blvd.
The Getty Center
Blvd.
Beverly
3rd St.
Ave.
Beverly Hills
Page M
Sepulveda
W. Sunset Blvd.
405
2
Two Rodeo Drive
Blvd.
L. A. County Museum of Art
Brentwood
Blvd.
Monica
Century City
Pico Blvd.
San Vicente
Bundy
Olympic
Rancho Park
La Cienega
Westwood
Venice Blvd.
La Brea
Santa Monica
Wilshire Blvd.
Ave.
Blvd.
Olympic
Santa
Santa
Monica
Freeway
10
10
Jefferson P
Bergamot Station
Museum of Flying
Centinela Ave.
Blvd.
Palms
Rodeo Rd.
1
Third St. Prom.
Pico Blvd.
Park
San Diego
Blvd.
Santa Monica Pier
City Hall
Ocean Blvd.
Santa Monica Municip. Airp.
Ave.
Culver City
Creek
Kenneth Hahn S.R.A.
Cienega
Baldwi Hills
Ocean Park
Pacific Ave.
Mar Vista
1
Venice Blvd.
Washington Blvd.
Freeway
La Brea Ave.
La
Ballona
Slauson
Ave.
Windso Hills
Venice
Venice Beach
Marina
90
Fwy.
Ladera Hts.
Fisherman's Village
Blvd.
Centinela Ave.
Marina del Rey
Santa Monica Bay
Jefferson
1
West-chester
Blvd.
Ing
Loyala Marymount University
42
Manchester
Blvd.
Great Western Forum
Playa del Rey
Lincoln Blvd.
405
Dockweiler State Beach
Vista
Los Angeles International Airport
Century Blvd.
Hollywood Pa (Race Trac
PACIFIC OCEAN
Blvd.
Fwy.
Lennox
Imperial
Hwy.
105
del
El Segundo
Diego
Aviation
Hawthorne Blvd.
Sepulveda
El
Segundo
Blvd
San
Haw
Mar
Rosecrans
Av.
Manhattan Beach
Lawr
2 mi
2 km

D
E
F
1
2
3
4
5
6
Burbank
Glendale
Pasadena
Glendale Galleria
L.A. Zoo
Autry National Center
Griffith Park
Griffith Observatory
Forest Lawn Mem. Park
Eagle Rock
Highland Park
Norton Simon Museum
South Pasadena
Southwest Museum
L. A. Municipal Art Gallery
Silver Lake
Echo Park
Dodger Stadium
Alhambra
Calif. State Univ. L.A.
Westlake
Music Center
Disney Hall
MOCA
Grand Central Market
Civic Center
Convention Center
China Town
City Terrace
Monterey Park
Country Club Park
Downtown
East L. A.
Univ. of Southern California
Aerospace Museum
Memorial Coliseum & Sports Arena
LOS ANGELES
Vernon
Maywood
Commerce
Huntington Park
Florence
Walnut Park
Bell
Bell Gardens
Cudahy
South Gate
Downey
Athens
Watts
Lynwood
Willowbrook
Compton
Paramount
Los Angeles River
Golden State Fwy.
Ventura Freeway
Glendale Fwy.
Pasadena Freeway
Hollywood Fwy.
San Bernardino Freeway
Pomona Frwy.
Santa Ana Freeway
Santa Monica Freeway
Harbor Fwy.
Long Beach Freeway
Century Fwy.
Chevy Chase Drive
Linda Vista Road
Colorado Blvd.
York Blvd.
Figueroa St.
Sunset Blvd.
Wilshire Blvd.
Pico Blvd.
Washington Blvd.
Vernon Ave.
Slauson Ave.
Florence Ave.
Manchester Ave.
Firestone Blvd.
Imperial Hwy.
El Segundo Blvd.
Rosecrans Ave.
Whittier Blvd.
Valley Blvd.
Alameda St.
Long Beach Blvd.
Atlantic Ave.
Garfield
Western Ave.
Vermont Ave.
Hoover
Broadway
Avalon Blvd.
Central Ave.
Santa Fe Ave.
Pacific Blvd.
State St.
Soto St.
Main St.
Huntington Dr.
5
134
2
210
110
10
60
72
710
42
105

In diesem Register sind alle in diesem Führer erwähnten Orte und Ausflugsziele verzeichnet. Halbfette Seitenzahlen verweisen auf den Haupteintrag, kursive auf ein Foto.

Schreiben Sie uns!

Liebe Leserin, lieber Leser,

wir setzen alles daran, Ihnen möglichst aktuelle Informationen mit auf die Reise zu geben. Dennoch schleichen sich manchmal Fehler ein – trotz gründlicher Recherche unserer Autoren/innen. Sie haben sicherlich Verständnis, dass der Verlag dafür keine Haftung übernehmen kann. Wir freuen uns aber, wenn Sie uns schreiben.

Senden Sie Ihre Post an die MARCO POLO Redaktion, MAIRDUMONT, Postfach 31 51, 73751 Ostfildern, info@marcopolo.de

Impressum

Titelbild: Los Angeles, Stadtansicht (Mauritius: age Fotostock)
Fotos: W. Dieterich (1, 7, 15, 18, 31, 40, 55, 59, 60, 82, 98, 105); Getty Center (72); HB Verlag: Kiedrowski (48, 50), Piepenburg (9, 25, 45, 46, 49, 52, 57, 58, 86, 97, 101, 106); Huber: Giovanni (5. l., 6, 27); R. Irek (75); Lade: Dass (38); La Terra Magica: Lenz (U. M., 4, 63, 79, 84); Look: Dressler (26), Heeb (11, 102), Kreder (17), Kreuzer (22), Martini (68); Mauritius: age Fotostock (117), Cash (70), Gebhardt (20), Keyphoto (2. u.), Lindner (92), Mulvehill (U. l.), Nägele (36), Pigneter (95), Vidler (U. r., 24, 35, 78, 80), Weber (2. o.,); Okapia: Foott (91), Okapia/NAS McHugh (43), P. Arnold, Inc: Schafer (14), Warden (5 r., 12); W. Rußwurm (28); T. Siegmann (66); P. Spierenburg (89); E. Wrba (76)

10., aktualisierte Auflage 2005 © MAIRDUMONT, Ostfildern
Herausgeber: Ferdinand Ranft, Chefredakteurin: Marion Zorn
Redaktion: Marlis v. Hessert-Fraatz, Bildredaktion: Gabriele Forst
Kartografie Reiseatlas: © MAIRDUMONT/RV Verlag, Ostfildern
Vermarktung: MAIRDUMONT MEDIA, media@mairdumont.com
Gestaltung: red.sign, Stuttgart
Sprachführer: in Zusammenarbeit mit Ernst Klett Sprachen GmbH, Stuttgart, Redaktion PONS Wörterbücher

Printed in Germany. Gedruckt auf 100% chlorfrei gebleichtem Papier

Bloß nicht!

Zu guter Letzt ein paar Hinweise auf mögliche Gefahren – also bloß nicht ...

Wichtige Dinge falsch einschätzen

Zu viel genossene Sonne kann Ihnen leicht die Urlaubsfreude verderben. Vorsicht besonders in den vielen Gebieten, die 1000 m und mehr über dem Meeresspiegel liegen, und erst recht in der sengenden Hitze des Death Valley. Gegen die Sonne helfen eine Kopfbedeckung und Sonnenschutz sowie der Aufenthalt an schattigen Plätzen während der Mittagszeit. Auch eine falsch berechnete Distanz kann Verdruss bringen. Die Reise von einem Ort zum anderen lässt sich genauer berechnen, wenn Sie stets daran denken, dass eine Meile 1,6 km entspricht und der Verkehr in Amerika langsamer fließt als in Deutschland.

Den Verkehr unterschätzen

Fahren Sie während der Rushhour in Los Angeles auf keinem Freeway. Von 8 bis 10 Uhr und von 16 bis 18 Uhr sind die Autobahnen ein einziger Stau. Außerdem: nicht an einem nebligen Tag nach Malibu oder bei Smog auf den Mulholland Drive oberhalb von Hollywood fahren. Die schlechte Luft trübt den Blick erheblich.

Leichtsinnig sein

Meiden Sie nachts Stadtteile, die für Kriminalität berüchtigt sind (Los Angeles: South Central L. A., Watts, Teile von West Hollywood und Venice Beach; San Francisco: alle Parks, Tenderloin und das Viertel nahe Candlestick Park).

Dem Jetlag nachgeben

Als Jetlag bezeichnet man die Verzögerung, mit der jeder Körper sich von seinem vertrauten auf einen neuen Tag-Nacht-Rhythmus umstellt. Die Zeitverschiebung von neun Stunden zwischen Deutschland und der amerikanischen Westküste kompensiert man innerhalb von drei Tagen. Nach der Ankunft empfiehlt es sich, einige Stunden lang gegen die übliche Bettschwere anzukämpfen oder einen kurzen Erholungsschlaf von höchstens zwei Stunden einzulegen. Gegen den Jetlag kämpfen Flugerfahrene schon während der Reise: mit größeren Mengen Mineralwasser.

Wanderwege verlassen

Denken Sie daran, dass Sie sich in der weiten Natur schnell verirren können. Bleiben Sie auf den vorgeschriebenen Wegen, und vergessen Sie nicht, Namen, Uhrzeit und geschätzte Zielzeit am Startpunkt *(trailhead)* zu hinterlassen. So geben Sie den zuständigen Rangern die Möglichkeit, nach Ihnen zu suchen, falls Sie nicht rechtzeitig aus der Wildnis zurückgekehrt sind.